HÉT GYÜLEKEZET

"Lélekben valék ott az Úrnak napján, és hallék hátam megett nagy szót, mint egy trombitáét, A mely ezt mondja vala: Én vagyok az Alfa és az Omega, az Első és Utolsó; és: A mit látsz, írd meg könyvben, és küldd el a hét gyülekezetnek, a mely Ázsiában van, Efézusban, Smirnában, Pergámumban, Thiatirában, Sárdisban, Filadelfiában és Laodiczeában.

Megfordulék azért, hogy lássam a szót, a mely velem beszéle; megfordulván pedig, láték hét arany gyertyatartót; És a hét gyertyatartó között hasonlót az ember Fiához, bokáig érő ruhába öltözve, és mellénél aranyövvel körülövezve."

(Jelenések 1:10-13).

Dr. Jaerock Lee

HÉT GYÜLEKEZET

HÉT TEMPLOM Dr. Jaerock Lee
Kiadta az Urim Books (Képviselő: Johnny. H. Kim)
235-3, Guro-dong3, Guro-gu, Seoul, Korea
www.urimbooks.com

Ez a könyv vagy annak egy része nem reprodukálható semmilyen formában, nem tárolható előhívható rendszerben, nem sokszorosítható semmilyen formában vagy eszköz által, elektronikus, mechanikai vagy fénymásolt, rögzített vagy más formában, a kiadó előzőleges írásos beleegyezése nélkül.
Hacsak másként nem jelöltük, az összes bibliai idézet a Károli Szent Bibliából származik. Engedéllyel felhasználva.

Szerzői jog @ 2009 Dr. Jaerock Lee
ISBN: 979-11-263-1385-3 03230
Fordítás szerzői joga @ 2009 Dr. Esther K. Chung Engedéllyel felhasználva.

Korábban koreai nyelven kiadta az Urim Books 2007-ben

Első kiadás: 2009 június

Kiadta: Dr. Geumsun Vin
Tervezte az Urim Books kiadói irodája
További információért lépjen velünk kapcsolatba az alábbi címen:
urimbook@hotmail.com

Előszó

Isten Atyának köszönettel és dicsőséggel tartozom azért, mert megengedte, hogy a Hét egyház könyve megjelenhessen. Ez a könyv tartalmazza Isten szeretetét, és az utolsó napok titkát.

Hét évig nagyon sok betegségtől szenvedtem, és úgy tűnt, a helyzetemből nincs kiút. Isten kegyelméből az összes betegségemből kigyógyultam, és elkezdtem élni a keresztény életemet. Abban az időben volt egy álmom. Egy templomban szerettem volna nagyszerű plébános lenni, aki segíti a szegényeket és a szerencsétlen embereket, és misszionárius munkát végez, hogy visszafizesse Isten kegyelmét. Isten azonban elhívott lelkészként, és azt a feladatot adta nekem, hogy az evangéliumot prédikáljam - minden nemzetnek.

Mióta a templomot megnyitottam 1982-ben, a korai templomok példáját követtem, amelyeket az apostolok

v

alapítottak, az Úr feltámadása és mennybemenetele után. Az imára és az evangéliumra koncentráltam. Ennek eredményeképpen ma már több mint 100.000 egyháztag, és 8.000 altemplom létezik szerte a világon, melyek a központi templomunkkal egységet alkotnak, és a világ minden tája felé hirdetik az evangéliumot.

A korai egyházak tanítványai és hívei között sokan megtapasztalták a csodálatos jeleket és csodákat, és még Jézus Krisztus feltámadását és mennybemenetelét is. Tele voltak kegyelemmel, igazsággal, a Szellemmel, és biztos hitük volt. A világmisszió sarokköveivé váltak, még a nagy üldözések alatt is. Végül a kereszténység a Római Birodalom vallásává vált. Az evangélium, amely Izraelből indult, az egész világra kiterjedt, és újra visszatér majd Izraelbe.

Manapság még a hívők körében is, sokan elveszítik az első szeretetüket. A spirituális fejlődésük leáll, és langyos lesz a hitük. Sokan közülük nem hisznek a Mindenható Istenben sem. Nem ismerik el Jézust, mint Krisztust, és megtagadják a Szentlélek munkáit. Ahogy telnek a napok, egyre több olyan templom van, amelyben nem gyűlnek össze, és a világgal kompromisszumot kötnek.

János apostol úgy prédikálta az evangéliumot, hogy az életével sem törődött, még akkor sem, amikor a Római Birodalom részéről komoly üldözésnek volt kitéve. Patmosz szigetére száműzték, ahol az Úr jelenéseket mutatott neki.

Írd meg, a miket láttál és a mik vannak és a mik ezek után lesznek: A hét csillag titkát, a melyet láttál az én jobb kezemben, és a hét arany gyertyatartót. A hét csillag a hét gyülekezet angyala, és a mely hét gyertyatartót láttál, az hét gyülekezet. (Jelenések 1:19-20).

A hetes szám a Bibliában a tökéletesség száma. Ezért a hét gyülekezet itt nem csak Efezus, Szmirna, Pergamon, Thiatira, Szárdisz, Filadelfia és Laodícea gyülekezetekre vonatkozik. Az összes templomra – gyülekezetre – vonatkozik, amely a Szentlélek idejében létrejött.

A hetes szám az Úr hét gyülekezetére vonatkozik a Jelenések könyvében, mely az összes, eddig létező gyülekezetet is jelképezi. Olyan, mint egy összegzés, Isten szavainak, mely az Ótestamentumban és az Újtestamentumban található, az összegzése.

Nagyon fontos információkat tartalmaz arra nézve is, hogy a gyülekezetek tetsszenek az Úrnak, és azt hiszem, hogy ez a munka számos gyülekezetet újra fel fog ébreszteni.

Köszönet Geumsun Vinnek, a kiadói hivatal igazgatójának, valamint a munkatársaknak, akik ezt a kiadást lehetővé tették.

Az Úr nevében imádkozom, hogy az összes olvasó óhajtja majd az Urat, aki újra eljön, és feldíszítik magukat, mint az Ő menyasszonyai.

Jaerock Lee

A HÉT TEMPLOM AJTAJÁNAK KINYITÁSA

Patmosz szigete a tiszta és kék Égei tengerben helyezkedik el. A kék tenger és a fehér házak nagyon szép tájat alkotnak. Ez a hely, ahová János apostolt száműzték, és ahol számos jelenést látott az utolsó napokról, közöttük az üzeneteket a hét gyülekezetről.

János apostol Jézus tizenkét tanítványának egyike volt. Olyan helyeken beszélt, mint Pergamon és Szmirna. Domiciánus császár letartóztatta, és halálra ítélte. Forró olajba rakták, de – mivel Isten vele volt – nem halt meg. Isten gondviseléséből Patmosz szigetére száműzték.

Abban az időben Patmosz szigete a száműzések helye volt, általában a politikai foglyok számára. Csendes és magányos hely volt. Istenhez lehetett imádkozni, és kommunikálni Vele itt. A sziget egyik sarkában, egy barlangban János imáira koncentrált, itt Isten jelenéseket mutatott neki, amelyeket ő leírt.

Annak érdekében, hogy ezt a fajta látomást megtapasztalja, a spirituális szeme nyitva kellett hogy legyen a Szentlélek inspirációja által, és az angyalok kellett, hogy irányítsák őt. Isten előzőleg kifinomította Jánost, hogy tökéletes hitű emberré váljon, azaz, az igazság tökéletesen szentesült embere. Jánost egyszer a "villámlás fiának" nevezték, azonban Isten finomításának következtében teljesen megváltozott, annyira, hogy a "szeretet apostolának" nevezték. Olyan sokat imádkozott, hogy a homlokán teljesen megkeményedett a bőr, és kérges lett.

A hét gyülekezet számára írt üzenetek levél formában vannak. A mai hívőknek és templomoknak is hasznos leckét tartalmaznak, és segítenek nekünk, hogy megértsük: melyik az ideális egyház, amelyet Isten dícsér. Azért, mert Efezus, Szmirna, Pergamon, Thiatira, Szárdisz, Filadelfia és Laodícea egyházai a világ egyházait képviselik.

A hét egyház számára megírt leckék nem csak egy történetet képviselnek a történelemben. Az Úr komoly üzenetei, aki minden egyházat fel akar ébreszteni, mindenkor. Bár azt vallják, hogy nagyon szeretik az Urat, az egyházaknak meg kellene vizsgálniuk, hogy azon az úton mennek-e előre, amelyen az Úr szidalma és cenzúrája vár rájuk.

A legtöbb játékban vannak egyéni és csapatversenyek is. A hitben is ugyanez a helyzet. Az Ítélet Napján nem csak az egyének, de az egyházak fölött is ítélkezik majd Isten. Ekkor, annak megfelelően, hogy valakinek az egyháza milyen értékelést kap, jutalmakat osztanak ki, vagy ennek az ellenkezője történik meg.

A lelkész, a templom vezetője, szintén ítéletet kap majd nem csak az egyéni, hanem a közösségi, lelkészi hitéért is. Annak megfelelően, hogy hogyan vezette a templomot és az Úr nevében rábízott gyülekezetet, szigorúan ítélkezni fognak fölötte. A lelkészeknek természetesen az Úr akaratát kell követniük a gyülekezetük és a templomuk vezetésében, ahogy ezt az egyház vezetője meghatározta Jézus Krisztus nevében. Másképp nehéz lesz elviselni az ítéletet.

Jakab 3:1 ezt tartalmazza: "Atyámfiai, ne legyetek sokan tanítók, tudván azt, hogy súlyosabb ítéletünk lészen." Ezzel ellentétben, ha a lelkész zöld mezőkre és csendes vizekre viszi a gyülekezetet, valamint a mennyei királyságban jó lakóhelyekre, mérhetetlen jutalmakban és dicsőségben lesz része.

Ezért, a hét egyháznak küldött üzenet az Úr legkomolyabb kérése a világ összes egyháza és lelkésze felé. Azért, hogy Isten gyermekei jól álljanak, az egyházaknak is megfelelően kell állniuk. Ezért az Úr elküldte az egyházaknak és lelkészeknek az Ő komoly kérelmét.

"A kinek van füle, hallja, mit mond a Lélek a gyülekezeteknek."

Tartalomjegyzék

Előszó

A Hét templom ajtajának kinyitása

Első fejezet Efezus egyháza
Megfeddik őket, mert elhagyják az első szerelmüket

Második fejezet Szmirna egyháza
A hitbeli próbák legyőzése

Harmadik fejezet Pergamon egyháza
Langyosak, és foltosak az eretnek elméletektől

Negyedik fejezet Thiatira temploma
Kompromisszumot kötni a világgal, és a bálványoknak felajánlott dolgokat enni

Ötödik fejezet Szárdisz egyháza
Egy kis gyülekezet, melynek neve arra utal, hogy élnek, de valójában nem

Hatodik fejezet Filadelfia egyháza
Csak dicséretet kaptak, mert hittel éltek

Hetedik fejezet Laodícea egyháza
Egy nagy gyülekezet, amely sem hideg, sem meleg nem volt

Következtetés
Isten szeretete, amint megjelenik a Hét Egyházhoz szóló Üzenetekben

ELSŐ FEJEZET

EFEZUS GYÜLEKEZETE
- Megfeddik őket, mert elhagyják az első szerelmüket

A bálványimádás széles körben elfogadott és gyakorolt volt Efezusban. Az Úr dicsérte az efezusi hívőket a kitartásukért, azért, mert nem tolerálták a gonosz embereket, azért, mert tesztelte azokat, akik apostoloknak hívták magukat, de valójában nem voltak azok, és utoljára: azért, mert hamisnak találta őket. Dícsérte a kitartásukat az Úr nevének érdekében, és hogy fáradhatatlanok voltak. Az Úr megfeddte őket azért, mert elhagyták az első szeretetet, és arra biztatta őket, hogy bánják meg bűnüket, térjenek meg, és folytassák a korábbi cselekedeteiket.

Manapság léteznek olyan egyházak, templomok és gyülekezetek, amelyek buzgósággal kezdődnek, komoly és szenvedélyes imákkal. Azonban, miután eltelik egy kis idő, fokozatosan arrogánssá válnak, és a szenvedélyük és szeretetük lehűl. Az efezusi gyülekezet üzenete az ilyen templomoknak és egyházaknak szól.

Jelenések 2:1-7

Az Efézusbeli gyülekezet angyalának írd meg: Ezeket mondja az, a ki az ő jobbkezében tartja a hét csillagot, a ki jár a hét arany gyertyatartó között:

Tudom a te dolgaidat, és a te fáradságodat és tűrésedet, és hogy a gonoszokat nem szenvedheted, és megkísértetted azokat, a kik apostoloknak mondják magokat, holott nem azok, és hazugoknak találtad őket; És [terhet] viseltél, és béketűrő vagy, és az én nevemért fáradoztál és nem fáradtál el. De az a [mondás]om ellened, hogy az első szeretetedet elhagytad.

Emlékezzél meg azért honnét estél ki, és térj meg, és az előbbi cselekedeteket cselekedd; ha pedig nem, hamar eljövök ellened, és a te gyertyatartódat kimozdítom helyéből, ha meg nem térsz. De az megvan benned, hogy a Nikolaiták cselekedeteit gyűlölöd, a melyeket én is gyűlölök. A kinek van füle, hallja, mit mond a Lélek a gyülekezeteknek. A győzedelmesnek enni adok az élet fájáról, a mely az Isten paradicsomának közepette van.

AZ ÚR LEVELE AZ EFEZUSI GYÜLEKEZETHEZ

Az Efézusbeli gyülekezet angyalának írd meg: Ezeket mondja az, a ki az ő jobbkezében tartja a hét csillagot, a ki jár a hét arany gyertyatartó között: (Jelenések 2:1-7).

Létezett egy fesztivál minden májusban Efezusban, Artemisz istennőnek szentelve, aki a bőség Istene volt. Efezus Törökország modern, nyugati partján van. Nagyon sok szolgáltatás létezett a kereskedőknek és embereknek, akik Szíriából, Indiából, Arábiából, és Egyiptomból érkeztek. Nagyon virágzó város volt, és a legnagyobb kereskedelmi központ egyben a Keleten.

Az evangéliumot bevezették Efezus városába, Pál apostol missziós kirándulásai által. Jézus Krisztus evangéliumát nem csak a hívők ismerték, hanem azok között is elterjedt, akik

Artemisz istennőt imádták.

Efezus templomában a Szentlélek tüzes munkáit látták

Egy napon, amikor Pál apostol Ázsiában prédikálta az evangéliumot, elment Efezusba. Ott találkozott néhány tanítvánnyal, akiktől ezt kérdezte: "Vajjon vettetek-é Szent Lelket, minekutána hivőkké lettetek?" És ők válaszoltak: "Sőt inkább azt sem hallottuk, hogy ha vagyon-é Szent Lélek." (Apostolok 19:2). Pál apostol ekkor egy másik kérdést tett fel: "Mire keresztelkedtetek meg tehát?" És ők válaszoltak: "A János keresztségére." (Apostolok 19:3). Pál apostol ez után bátran prédikált azoknak, akik nem hallottak Jézus Krisztusról. "János megtérésnek keresztségével keresztelt, azt mondván a népnek, hogy a ki ő utána jövendő, abban higyjenek, tudniillik a Krisztus Jézusban" (Apostolok 19:4).

Végül elfogadták Jézus Krisztust Pál apostol által, és megint megkeresztelkedtek, egy más keresztségben. A Szentlélek csodálatos munkái megnyilvánultak bennük, csakúgy, mint más korai egyházakban. Megkapták a Szentlelket, nyelveken beszéltek, és jósoltak is.

Pál apostol három hónapon át hirdette az evangéliumot

Efezus zsinagógájában. Volt, aki megkritizálta őt, kemény és makacs szívvel, ezért elment innen, és két évig egy tirannusi iskolában hirdette tovább az igét. Isten rendkívüli cselekedeteket mutatott Pál prédikálása által. Megérintette a zsebkendőket és a kötényeket, melyeket aztán elvittek a betegekhez, akik meggyógyultak, és a démonok elhagyták őket. Ez a hír elterjedt egész Efezusban, és zsidók és görögök váltak hívőkké a Jézus Krisztusban.

Az ötvösök és kézművesek Efezusban, akik ezüst ereklyéket készítettek az istennőnek, úgy érezték, hogy a megélhetésük veszélyben van, és megpróbálták megölni őt. Attól tartottak, hogy az emberek többé nem fogják Artemisz bálványát imádni, hanem Jézus Krisztushoz fordulnak.

Látjátok pedig és halljátok, hogy ez a Pál nemcsak Efézusnak, hanem közel az egész Ázsiának sok népét eláltatván, elfordította, mivelhogy azt mondja, hogy nem istenek azok, a melyek kézzel csináltatnak. Nemcsak az a veszély fenyeget pedig bennünket, hogy ez a mesterség tönkre jut, hanem hogy a nagy istenasszonynak, Diánának temploma is semmibe vétetik, és el is vész az ő nagysága, kit az egész Ázsia és a világ tisztel. (Apostolok 19:26-27).

Amikor az ötvösök felbujtották a hasonló mesterségű embereket, annyira tele voltak dühhel, hogy a teljes várost elbizonytalanították. Megpróbálták elfogni Pált és azokat, akik vele tartottak, és az evangéliumot hirdették. Az üldözések ellenére, Pál apostol missziós útja által végül megalapították az egyházat Efezusban.

Az Úr a jobb kezében tartja a hét csillagot

Az Úr az efezusi gyülekezetnek ír. Az első részben láthatjuk, ki az író, és ki a címzett. Az efezusi angyalnak küldte Az, aki a jobb kezében tartja a hét csillagot.

Itt az "angyal" egy hírnökre vagy személyre vonatkozik, aki engedelmeskedik az ura parancsának, és ez nem más, mint az a lelkész, aki az efezusi gyülekezetet vezeti. Az, aki hét csillagot tart a jobb kezében: Jézus Krisztus.

Jézus azért jött a földre, hogy a bűnös emberiséget megmentse. Azért jött, hogy a testnedveit és a vérét kiontsa a brutális keresztre feszítés által. Feltámadt, megnyitotta az üdvösség kapuit, és felment a mennyországba. Előkészíti Isten gyermekeinek a lakóhelyét a mennyei királyságban, addig, amíg az emberek művelésének gondviselése véget nem ér.

Amikor eljön az Isten által kijelölt idő, az Úr megérkezik a levegőben, hogy magával vigye a mennyei állampolgárait. A Bíra formájában is eljön majd.

Mi az oka annak, hogy az Urunkra így utal: "Ezeket mondja

az, a ki az ő jobbkezében tartja a hét csillagot, a ki jár a hét arany gyertyatartó között"? (1. vers)

A legtöbb embernek a jobb keze erősebb, mint a bal. A jobb kéz az erőt és hatalmat jelképezi, míg a csillagok az embereket. A Jelenések könyvének második felében a 1:20 vers ezt tartalmazza: "A hét csillag a hét gyülekezet angyala" – a hét csillag a hét gyülekezet lelkészeire vonatkozik.

Az, hogy az Úr a jobb kezében tartja a hét csillagot azt jelenti, hogy az Általa választott lelkészeket és szolgákat az Ő hatalmában tartja. Általuk Isten dicsősége megvalósul, mivel isteni gyógyulásokat és csodálatos munkákat mutatnak, melyek az élő Isten bizonyítékai, és olyan áldásokat küld velük a földre, amelyek átlépik az idő és a tér korlátait (Márk 16:17-20; Apostolok 19:11-12).

Máté evangéliumának 16:18 versében Jézus azt mondta Péternek: "De én is mondom néked, hogy te Péter vagy, és ezen a kősziklán építem fel az én anyaszentegyházamat, és a pokol kapui sem vesznek rajta diadalmat." Az Isten által magalapított és kiválasztott egyház és lelkész nem tehető tönkre a gonosz által, vagy bárki más által.

Ha valaki elítél egy templomot vagy lelkészt, amely az Úr jobb kezében van, azt jelenti, hogy az Urat Magát ítéli el.

Az Úr a hét gyertyatartó között sétál

Azt írja, hogy az Úr a hét gyertyatartó között járkál. Az arany az állhatatos hitet jelképezi, míg a gyertyatartók a gyülekezetet. Az arany gyertyatartók az Úrba vetett hitre vonatkoznak, amellyel megalapítják a gyülekezeteket, azokra a templomokra, amelyeket az Úr vérével vásárolnak meg, és amelyek a Krisztus testét képviselik. A hetes szám a tökéletességet jelenti. A "hét arany gyertyatartó" azokra a gyülekezetekre vonatkozik, amelyek az Úr nevében alapultak meg.

A gyertyatartókon levő gyertyák a hívőkre vonatkoznak. Ahogy a gyertyák fényt árasztanak, ha meggyújtják őket, a templomok – amelyek a hívők gyülekező helyei – megtelnek a Szentlélekkel, és az igazságban élnek majd, és a fényt árasztani fogják magukból. Ha igaz hitünk van, a fényben fogunk élni, Isten szavának megfelelően. A gyülekezetek által, amelyeknek ilyen hívői vannak, sok ember kijön a sötétségből a fénybe, és üdvözül majd.

A hét gyertyatartó között sétáló Úr azt jelenti, hogy az összes gyülekezetet látja, amelyet Isten alapított, és figyeli őket az Ő égő szemeivel.

Amikor ezt olvassuk: "az ő jobbkezében tartja a hét csillagot, a ki jár a hét arany gyertyatartó között" azt jelenti, hogy azok a gyülekezetek, amelyek az Úr nevében keletkeznek, valamint azok a lelkészek, akiket az Úr a Hatalmában tart, az ítélet irányadói lesznek később.

Ma is sok olyan gyülekezet és lelkész van, aki Isten szavát hirdeti, de nem minden tanításuk igaz. Csak az igaz szolgák, akiket Isten elismer és garantál, prédikálhatják Isten pontos és igaz akaratát, és az ítélet irányadó mértékét.

Nem minden gyülekezet fogja úgy teljesíteni a feladatát, hogy az üdvösség bárkájának számítson. A végső napokban csak azok a gyülekezetek fogják a feladatukat ellátni, amelyeket az Úr tart fenn. Kívülről lehet, hogy az Úr nevében alapították őket, de elképzelhető, hogy az Úr valójában nem sok gyülekezettel lesz majd jelen.

A Végső Ítéletnél az ítélkezés irányadója nem csak az lesz, hogy ki milyen keresztény életet élt, hanem az is, hogy milyen gyülekezet tagja volt. Ezért, ez a tény nagyon fontos. Természetesen az üdvösség azon múlik, hogy az egyénnek milyen volt a kapcsolata Istennel. De az is befolyásolja ezeket a hívőket, hogy milyen templomban élik a keresztény életüket, és milyen lelkészt szolgálnak.

Például, az igazság ismerete nélkül, ha egy lelkész elítéli egy másik gyülekezet lelkészét, akkor ennek a gyülekezetnek a tagjai egy másik lelkészt és gyülekezetet ugyanígy elítélhetnek. Ebben az esetben – bár lehet, hogy nem voltak gonosz szándékaik – ezt nem lehet figyelmen kívül hagyni az Ítélet

Napján.

Rá kell jönnünk, milyen fontos, hogy melyik felekezet tagjai vagyunk, valamint az is, hogy ki a lelkészünk, akitől tanulunk. Ha a gyülekezet feje sok lelket visz a halálba, a büntetés nagyon nagy lesz. Ellenkezőleg, ha a lelkész a rábízott gyülekezetet zöld mezőre és csendes vizekre vezeti, jó lakóhelyekre vezérelve őket a mennyei királyságban, nagy jutalmakat és tisztességet fog kapni.

Az Úr, aki hét csillagot tart a jobb kezében, és hét gyertyatartó között sétál, a gyülekezetek minden cselekedetét és jellemzőjét figyeli az égő tekintetével.

Mai gyülekezetek, amelyek hasonlítanak az efezusi gyülekezetre

Mivel a hét gyülekezet számára küldött üzenet alkalmazható a világ összes gyülekezetére, függetlenül attól, hogy hol van, és milyen történelmi időről beszélünk, még a modern gyülekezetek között is találunk példákat mind a hét gyülekezetre.

Az Úr az Igét adta az olyan gyülekezetek számára, mint például az efezusi. Sok gyülekezetben gondolják azt, hogy nagyszerűen megvalósították Isten királyságát, de meglepően sok olyan gyülekezet is van, amely elvesztette az első szeretetét, és nem sikerült visszaszereznie azt.

Isten a Szavát adta egy bizonyos gyülekezetnek. Ennek a gyülekezetnek a kezdete óta a tagok megpróbáltak az igazságban élni egy darabig, és mindent elviseltek, beleértve az üldözést az Úr nevéért. Megvolt bennük az első szeretet tüze, egyesültek az imában, még az üldözések alatt is, és megpróbálták Isten akaratát teljesíteni a legjobb tudásuk szerint.

A spirituális dolgok mélyére akartak lemenni, és Isten igaz szavát prédikálták. Szorgalmasan megpróbálták Isten királyságát kiszélesíteni, és Isten elégedett volt velük, megáldva őket. A gyülekezet napról napra nőtt. A gyülekezet tagjai áldottak voltak, és gyógyulások történtek.

Ahogy egyre stabilabbá vált a gyülekezet, és más templomok is elismerték, elkezdett megváltozni. A hatás nagy volt.

Ha már akkor abbahagyták volna a bűnözést, amikor elhagyták az első szeretetet, és megváltoztak volna, visszanyerhették volna az első szeretetet. Azonban a büszkeség a hatalmába kerítette őket, és azt hitték, hogy már nagyon sok mindent megvalósítottak. A büszkeségükből arrogancia lett, mert azt hitték, hogy Isten elismerte őket.

Még azt is megteszik, hogy elítélnek és kritizálnak más gyülekezeteket. Mivel nagyon büszkék, mert azt hiszik, hogy mások elismerik őket, odáig is elmennek, hogy más gyülekezeteket és lelkészeket eretneknek kiáltanak ki.

Isten szava arra tanít bennünket, hogy soha ne ítélkezzünk. Ezért képeseknek kell lennünk arra, hogy megkülönböztessünk dolgokat, és nem szabad arrogánsnak lennünk, mert az arrogancia elfödi a tekintetünket, és megvakulunk. Továbbá egyetlen lelkészt sem lehet megítélni a személyes mércék alapján, mert ezek nem mindig helyesek, és a lelkészeket Isten a jobb kezében tartja, mert azok az Ő szolgái.

A gyülekezet tagjai már nem érezték a vágyat, hogy magukat feláldozzák, vagy az igazság miatt tűrjenek. Egyre kevesebbet imádkoztak, és ahelyett, hogy Isten akaratát követték volna, élvezni akarták, amit már elértek egyszer. A felszínen úgy tűnt, hogy a gyülekezet még növekedett, azonban a tűz és a lelkes hűség, amit korábban mutattak, eltűnt belőlük.

Az egyének hitével ugyanez a helyzet. Miután valaki elfogadja az Urat, addig, amíg az első szeretet szenvedélye megmarad, egyetlen ima-összejövetelt vagy evangelizációs kampányt sem hagy ki, és szándékosan elvállal számos feladatot a templomban. Azonban idővel lehet, hogy kevésbé lesz lelkes a feladatokkal kapcsolatban. Lehet, hogy már nem akarja betölteni a szerepét. Lehet, hogy meg akarja változtatni azt, vagy akár teljesen kilép a gyülekezetből.

Természetesen az is lehet, hogy valakinek túl sok a feladata, és próbál egyensúlyozni, de ez nagyon más, mint az, hogyha azért cserélné le a feladatokat, mert már nem akarja teljesíteni őket. Azonban, mivel van hite, még eljár az ima-összejövetelekre és az istentiszteletekre, de a korábbi lelkesedése eltűnik, és a személyes hite nem növekszik egyáltalán már.

Mi az alap oka annak, hogy olyanná válik egy gyülekezet, mint az efezusi?

Amikor az emberek elveszítik az első szeretetüket, úgy tűnik, hogy nagyon zavarja ez őket, és megpróbálkoznak a visszaszerzésével. Ahogy az idő telik, egyre jobban ellenáll a szívük annak az érzésnek, hogy valamit próbáljanak tenni ez ellen. Végül az összes érzékenységüket elveszítik. Az egyének és a gyülekezetek esetében is, úgy mint az efezusi gyülekezet, a legalapvetőbb oka annak, hogy elhagyják az első szeretetet az, hogy a hitük nem vert elég mély gyökeret.

Azok a fák, amelyeknek mély a gyökere, nem mozdíthatók el egykönnyen. Hasonlóan, ha a hitünk mélyen gyökerezik Isten szavában és az imádságban, egyetlen olyan helyzet sem lesz majd, amely megrázhat bennünket. Isten igéjének segítségével minden nap megtaláljuk a gyengeségeinket, és imával változtatunk a szívünkön, így nem veszíthetjük el a Szentlélek teljességét. A Szentlélek teljességével nem lesz nehézségünk, amely a szívünket kavarja.

Lehet, hogy valaki látszatra hisz Istenben, másoknak hirdeti az evangéliumot, és imádkozik, azonban – mivel nincs mélyen gyökerező hite – nem tud újjászületni. Nem látja a bizonyítékokat arra nézve, hogy Isten szereti őt. Az elméje változékony ezért. Csak annyit akar, hogy a jelen helyzet realitásával megalkudjon. A hitében nincs fejlődés, hanem visszaesést tapasztal csak.

Pontosan meg kell határoznunk a dolgaink állását, és megbánást kell tanúsítanunk, valamint meg kell térnünk, minél hamarabb. Egyébként Isten elmozdítja a gyertyatartót a helyéről (Jelenések 2:5). Isten kegyelme és a Szentlélek ekkor egy másik gyülekezetbe költözik, hogy a hívők beteljesíthessék Isten akaratát és gondviselését.

Ezért az efezusi gyülekezethez írt üzenet által képesnek kell lennünk arra, hogy a saját és a gyülekezetünk hitét megvizsgáljuk, hogy láthassuk: mit fog megdícsérni, és mit fog ellenezi Isten.

AZ EFEZUSI GYÜLEKEZETNEK SZÓLÓ DICSÉRET

Tudom a te dolgaidat, és a te fáradságodat és tűrésedet, és hogy a gonoszokat nem szenvedheted, és megkísértetted azokat, a kik apostoloknak mondják magokat, holott nem azok, és hazugoknak találtad őket; És [terhet] viseltél, és béketűrő vagy, és az én nevemért fáradoztál és nem fáradtál el. (Jelenések Revelation 2:2-3).

A hét gyülekezetnek szóló levelekben azt látjuk, hogy Isten mindenik gyülekezettel másképpen bánik. Van, amikor dícsér és szid egyszerre, máskor csak megfed, majd egyértelműen csak dícsér, majd egy másik gyülekezetnek csak tanácsot ad anélkül, hogy megszidná, vagy megdícsérné azt.

Ha tanulunk ebből a példából, amikor az Úr a hét gyülekezetnek üzen, tanácsot adhatunk másoknak, pozitív hatással. Mielőtt az Úr megfedte volna az efezusi gyülekezetet, először megdícsérte őket a jó tulajdonságaikért, majd megszidta őket a hibáik miatt.

Amikor valakit próbálunk rávezetni a hibáira, ha először megszidjuk, majd megdícsérjük őt, a szíve lezárul a szidás hatására. Ezért nem leszünk hatékonyak. Azzal, hogy először megdícsérjük a jó dolgai miatt, a szívét szélesre tárja, és ha ez után rámutatunk azokra a dolgokra, amelyeket meg kell változtatnia, pozitívabb hozzáállással fogadja el.

Ha valakiben semmi nincs, amit meg lehetne dícsérni, jobb, ha nem szidjuk meg egyáltalán. Ebben az esetben elveszítené az erejét, és visszahúzódna. Jobb, ha szeretettel tanácsot adunk neki, mint ha megszidjuk. Nézzük meg részletesen, hogyan dícséri meg az Úr az efezusi gyülekezetet.

Az efezusi gyülekezet van fenntartva arra, hogy az igazságban cselekedjék

Először az Őr azért dícsérte meg őket, mert kitartóan gyakorolták az igazságot. A lelkész és az efezusi gyülekezet hívői megpróbáltak Isten szava szerint élni, mindent eldobtak maguktól, ami nem volt jó, egyenként, az igazságnak megfelelően.

Isten igéjében általában négy féle parancs létezik: tedd, ne tedd, tarts meg, illetve dobj el magadtól bizonyos dolgokat. Például ilyen dolgok, mint: "szeretet," "megbocsájtás," "ne irigykedj," "tartsd meg a szombatot," "a gonoszság minden formáját dobd el magadtól," stb. Annak érdekében, hogy az igazság összes szavát gyakorlatba ültessük, kitartásra van szükségünk.

Például Isten igéje azt mondja nekünk, hogy tartsuk meg a szombatot szentnek. Ezért vasárnaponként templomba kell járnunk, és Istent spirituális értelemben, és az igazságban kell imádnunk. A világi szórakozás, a tárgyak adás-vétele, és az üzleti életvitel mind tilos. Szorgalmasan imádkozunk, mivel az ige arra kér bennünket, hogy ezt tegyük.

Azonban ma, hány gyülekezetet lehet megdícsérni azért, mert valóban megtartja Isten igéjét? A Zsidókhoz írt levél 10:24-25 ezt tartalmazza: "És ügyeljünk egymásra, a szeretetre és jó cselekedetekre való felbuzdulás végett, El nem hagyván a magunk gyülekezetét, a miképen szokásuk némelyeknek, hanem intvén egymást annyival inkább, mivel látjátok, hogy ama nap közelget." Mivel azonban manapság kényelmes keresztény életet akarunk élni, az ilyen találkozók eltűnnek sok közösség életéből.

A zsidókhoz írt levél 12:4 ezt tartalmazza: "Mert még végig nem állottatok ellent, tusakodván a bűn ellen." Azt mondja nekünk, hogy egészen a vérünk ontásáig menjünk el, ha a bűnök elleni harcról van szó. 1 Korinthusiakhoz 4:2 ezt tartalmazza: "A mi pedig egyébiránt a sáfárokban megkívántatik, az, hogy mindenik hívnek találtassék." A Jelenések 2:10 ezt mondja: "Légy hű mindhalálig."

Ahhoz, hogy a szívünk gonoszságát és bűneit eldobjuk magunktól, a vérünk ontásáig is el kell mennünk a harccal. Ahhoz, hogy halálunkig hűek maradjunk a feladatunkhoz, természetesen kitartásra és keménységre van szükségünk. Még ha mi magunk azt is gondolnánk, hogy szorgalmasan küzdünk a bűneink ellen, és hűek vagyunk, nem lehetünk magunkkal megelégedve, ezt gondolva: "Olyan sok mindent megvalósítottam."

2 Korintusi 10:18 ezt tartalmazza: "Mert nem az a kipróbált, a ki magát ajánlja, hanem a kit az Úr ajánl." El kell hogy ismerjen bennünket az Úr. Nem azt jelenti, hogy csak azért dobjuk el a bűneinket, és maradunk hűségesek, hogy dícséretet nyerjünk. Még miután megtettük a tőlünk telhető legtöbbet, akkor is be kell vallanunk, hogy csak azt tettük, ami a kötelességünk. Az érdemtelen szolga szívével kell hogy rendelkezzünk (Lukács 17:10).

Csak ekkor válhatunk olyan gyülekezetté és hívővé, akit az Úr valóban dícsérni tud. Mivel Efezus gyülekezete valóban megpróbálta az igazságot gyakorolni, és kitartott, ezért az Úr megdícsérhette őket, mondva: "Tudom a te dolgaidat, és a te fáradságodat és tűrésedet" (2. vers).

Efezus gyülekezete nem tolerálta a gonosz embereket

Másodszor, az Úr dícsérte Efezus gyülekezetének tagjait azért, mert nem tolerálták a gonosz embereket. Vannak, akik esetleg félreértik Isten szavát, és ezt mondják: "Az egyháznak mindenkit szeretni kell, így még azokat is el kell fogadnunk, akik bűnöket követnek el." Természetesen az Úrban hetvenszer hét alkalommal is meg kell bocsátanunk, és tűrnünk kell másoknak addig, amíg megváltoznak. Nem jelenti azt, hogy ott kell hagynunk azokat, akik a halál útjára térnek a bűneik miatt. Amikor a gyermekek rossz útra térnek, ha a szüleik szeretik őket, nem fognak mindig megbocsájtani nekik. Nem szabad hogy megspórolják a verést, mert ezzel elkényeztetik a gyermeket, hanem meg kell hogy fegyelmezzék a gyermeket, amikor szükséges. Ugyanez van az Úrral is. Istenben nincs sötétség, és Ő szent. Semmit nem fogad el, ami gonosz.

1 A Korinthusi 5:11-13 ezt mondja nekünk: "Most azért azt írom néktek, hogy ne társalkodjatok azzal, ha valaki atyafi létére parázna, vagy csaló, vagy bálványimádó, vagy szidalmazó, vagy részeges, vagy ragadozó. Az ilyennel még együtt se egyetek. Mert mi közöm ahhoz, hogy a kívülvalókról is ítéletet tegyek? avagy ti nem a belüllévők fölött tesztek-é ítéletet? A kívülvalókat pedig majd az Isten ítéli meg. Vessétek ki azért a gonoszt magatok közül."

Nem szabad félreértenünk ezeket a sorokat. Nem azt jelentik, hogy távol kell tartanunk magunkat a hitetlenektől, vagy el kell izolálnunk az új hívőket, akiknek friss a hite. Azonban, ha valaki,

aki a templomban olyan állást foglal el, mint egy plébános, és akinek hitének kellene lennie, ilyen bűnöket követ el, nem szabad azonosulnunk vele, hanem el kell távolítanunk őt a templomból. Jézus azt mondta nekünk, hogy hetvenszer hét alkalommal is meg kell bocsátanunk (Máté evangéliuma 18:22), akkor miért mondja, hogy ezeknek az embereknek ne bocsássunk meg, hanem távolítsuk el őket magunk közül? Az Úr tele van szeretettel, és ha valaki bűnözött is, ha megbánja és megtér, az Úr megkegyelmez neki, és megbocsájtja a bűnét.

Azonban, ha valaki nem tér meg, bár tudja, hogy bűnözött, azt jelenti, hogy nagyon kemény a szíve. A Sátán fog munkálkodni benne, és egyre gonoszabb dolgokat fog művelni. Végül a gyülekezetnek is nagy kárt okoz.

A templom az a hely, ahol a lelkeket megmentik, és Isten királyságát megszélesítik, ahogy Ő parancsolja. Azonban ezen emberek miatt Isten királysága elé akadály gördül. Ha hagyjuk ezeket az embereket, hogy azt tegyék, amit akarnak, más embereket is úgy fog befolyásolni ez, mint az élesztő a kenyér tésztáját. Ezért mondja azt az Úr, hogy ezeket az embereket távolítsuk el magunk közül. Azonban nem azt jelenti, hogy amint az első hibát elkövették, már el kell távolítanunk őket.

Hogyan adjunk tanácsot egy fivérnek, aki bűnözött

Máté evangéliumának 18:15-17 része ezt tartalmazza: "Ha

pedig a te atyádfia vétkezik ellened, menj el és dorgáld meg őt négy szem között: ha hallgat rád, megnyerted a te atyádfiát; Ha pedig nem hallgat rád, végy magad mellé még egyet vagy kettőt, hogy két vagy három tanú vallomásával erősíttessék minden szó. Ha azokra nem hallgat, mondd meg a gyülekezetnek; ha a gyülekezetre sem hallgat, legyen előtted olyan, mint a pogány és a vámszedő."

Ha egy hitbeli testvér valami rosszat tesz, nem szabad másoknak elterjesztenünk, hanem szerető szívvel kell tanácsot adnunk neki. Ha ekkor elfordul a bűnétől, nem tér a halál útjára, és megmenekülhet. Azonban, ha nem hallgat meg minket, csak néhány magasabb pozícióban lévő gyülekezeti taggal beszéljünk, akik elbeszélgethetnek vele.

Ha még most sem hallgat, a szabályokat követve, a gyülekezeti hierarchiában feljebb álló lelkészek tudtára kell adnunk, hogy mi történt. Isten szavával, nekik tanácsot kell adniuk, vagy – amennyiben szükséges – meg kell hogy fedjék őt, hogy forduljon el a bűneitől. Ha még most sem hallgatja meg, Isten azt mondja nekünk, hogy tekintsük őt idegennek, vagy úgy, mint egy adószedőt. Ha megengedjük neki, hogy korlátok nélkül tovább folytassa, amit eddig, a gyülekezetben másokat is a bűnbe visz, és ez összességében nagy gondot okoz majd a templomban.

Isten nem azért mondja, hogy ne toleráljuk azokat, akik a templomban kiélik a gonoszságukat, mert nincs Benne szeretet. A lelkek többségének érdekében mondja, és azért, hogy a gyülekezetből szent közösség legyen. A gyülekezetet az Úr vére megvette, és egyébként ő maga Jézus Krisztus teste.

Valamit látnunk kell itt: a tanácsunk egy hitbeli testvérhez intézve hasztalan lesz, ha mi magunk nem élünk az igazságban. Ha nem ezt tesszük, csak tanácsot osztogatunk, mondva: "Testvér, Isten utálja a bűnt. Örülj, állandóan imádkozz, és mindig légy hálás," lehet, hogy negatív következménye lesz annak, amit mondunk.

Jézus ezt mondta Máté evangéliumának 7:3-5 versében: "Miért nézed pedig a szálkát, a mely a te atyádfia szemében van, a gerendát pedig, a mely a te szemedben van, nem veszed észre? Avagy mi módon mondhatod a te atyádfiának: Hadd vessem ki a szálkát a te szemedből; holott ímé, a te szemedben gerenda van? Képmutató, vesd ki előbb a gerendát a te szemedből, és akkor gondolj arra, hogy kivessed a szálkát a te atyádfiának szeméből!"

Mielőtt valakinek tanácsot adunk, először le kell küzdenünk a gonoszságunkat, és az összes hamis gondolatunkat. Csak ekkor szabad véleményt mondanunk. Ha már teljesítettük ezt a feltételt, akkor tudunk olyan módon tanácsot adni valakinek úgy, hogy nem fog megsértődni, és nem fog félreérteni semmit. A tanácsot örömmel fogadja majd.

Az 1 Péter 1:16-ban Isten azt parancsolja nekünk, hogy legyünk szentek, mert Ő is az. Nagyon világos okunk van arra, hogy miért legyünk szentek. Isten nekünk adta az egyetlen Fiát, Jézus Krisztust, mint engesztelő áldozatot, hogy megmentsen bennünket a bűneinktől. A Szentlelket is megadta a hívőknek, hogy eldobhassuk a bűneinket, és a fényben élhessünk. Akkor, hogyan engedheti meg Isten a gonoszságot a templomban, amely a Krisztus teste?

Valójában sok olyan templom van ma, amelyekben nem feddik meg a gonoszságot, és nem próbálnak meg úrrá lenni rajta. Figyelmen kívül hagyják, vagy tolerálják azt. A gyülekezetben a hívek azon aggódnak, hogy ha az emberek a templomban tanácsot kapnak, vagy felróják nekik a bűneiket, lehet, hogy otthagyják a gyülekezetet. Mások együtt éreznek, és húsbeli vonzalmat éreznek a gonosz emberek iránt. Megint mások kompromisszumot kötnek a vagyon és a tekintély érdekében, és eltűrik a gonosz embereket a gyülekezetben.

Mi a szerepe akkor a templomnak? Az, hogy megtanítsa Isten gyermekeit, hogy igaz életet éljenek, és annyi lelket vezessenek a mennyei királyságba, amennyit csak tudnak. A lelkész és a vezetők szigorúan közbe kell hogy lépjenek, és figyelmeztessék az embereket azokkal a dolgokkal kapcsolatban, amelyek bűnösek Isten előtt, és a halál útjára vezetnek, hogy meg tudjanak térni a bűneikből. A gyülekezeti tagokat arra kell hogy bátorítsák szeretettel, hogy dobják el a bűneiket, és szent életet éljenek.

Efezus gyülekezetét vizsgának vetették alá, és a hamis prófétákra fény derült

Harmadszor, Efezus templomának híveit megdícsérték azért, mert próbára tették a hamis prófétákat, és nyilvánosságra hozták az eredményt. Itt az "apostol" nem Jézus tizenkét tanítványából egyre vonatkozik, és nem is Pál apostolra. Egy általános fogalom, amely mindenkire vonatkozik, akinek valamilyen beosztása vagy címe van a templomban.

A mai templomban sok titulus létezik, beleértve a lelkészi, plébánosi, vezető diakonissza és diakónusi címeket. Függetlenül attól, hogy valóban van-e hitük, mivel valamennyi ideig jártak templomba, közülük néhányan csak úgy megkapják a címüket a gyülekezettől. Még ha nagyszerű címeket és feladatokat is kapunk, ha Isten nem ismer el bennünket, semmi haszna nem lesz.

Lehet, hogy kaptunk már címeket azért, mert hosszú időn át jártunk templomba, vagy a külsőségek miatt, azonban, ha Isten nem ismer el bennünket, csak olyan apostolok lehetünk, akik magukat annak hívják ugyan, de valójában nem azok.

Mit jelent az, hogy az efezusi gyülekezet próbára tette azokat, akik prófétáknak hívják magukat, de valójában nem azok, és hamisnak találta őket?

Példaként nézzünk meg egy olyan lelkészt, aki azt tanítja a tagoknak, hogy dobják el a bűneiket és a gonoszságukat, és éljenek Isten igéje szerint. Azok a gyülekezetei tagok, akiknek van hite, egy "ámen" kíséretében engedelmeskedni fognak. Azt találjuk a zsidókhoz írt levél 4:12-ben, hogy amikor Isten igéje él és aktív, élesebb, mint bármely kétélű kard, és szúrásával külön tudja választani a lelket a szellemtől, az ízületet a velőtől, megtalálják a hívők, hogy mi a rossz az igazság szerint, megbánják a bűneiket, és elfordulnak tőlük. Azok azonban, akiknek kemény a szíve, még akkor sem térnek meg, miután meghallgatták Isten szavát. Inkább, ha azt érzik, hogy a gonoszságuk a felszínre tör, becsapnak más gyülekezeti tagokat, negatívan beszélnek a templomról, a lelkészről, és otthagyják a gyülekezetet. A hamisság kiderül, mert azok, akik apostolnak nevezik magukat, valójában nem is azok.

Még a lelkészek között is vannak olyanok, akik apostolnak hívják magukat, de valójában nem azok. Mint lelkészek, elítélnek más templomokat és gyülekezeteket, ráadásul Isten szavával. Saját maguk vakokká válnának, akik a nyájat rossz irányba vezetik. Ez volt a helyzet a főpapokkal, a farizeusokkal, és az írástudókkal is.

Máté evangéliumának 23. fejezetében Jézus "vak vezéreknek" nevezi őket, megfeddi őket, ezt mondva: "Épen így ti is, kívülről igazaknak látszotok ugyan az emberek előtt, de belől rakva vagytok képmutatással és törvénytelenséggel." (28. vers).

Isten néha megengedi, hogy a gyülekezetek próbáknak legyenek alávetve, hogy ezt a fajta hamisságot felfedje. A próbák alatt a gyülekezet rengeteg üldözést és nehézséget kap.

Például, amikor István rámutatott a gonosz emberek

ravaszságára, a szívük megsértődött, mire Istvánt halálra kövezték. Hasonlóképpen, a gonosz emberek, amikor a bűneikre rámutatnak, vagy amikor az identitásuk kiderül, megmutatják a bennük levő gonoszságot. Amikor Isten teszteket engedélyez, hogy rámutasson arra, aki apostolnak hívta magát, de valójában nem az, a kishitűek teljesen elveszíthetik a hitüket.

Azonban azok, akiknek a hite igazi, semmilyen helyzetben nem fognak megremegni. Ahogy a föld keményebb az eső után, a hitük is keményebb lesz a próbák által. Továbbá, miután átmennek a teszteken, nem csak az egyén, de a teljes gyülekezet Isten áldásában részesül.

Az efezusi gyülekezet nem fáradt el a tűrésben, és az Úr nevében történt kitartásban

Negyedszer, az Úr megdícsérte Efezus gyülekezetét, mert kitartottak az Úr nevében, és nem fáradtak el. Amikor az Isten szavára hallgatunk, ha megtaláljuk a bűneinket az üzenet által, megbánást kell tanúsítanunk, meg kell térnünk, és az Isten szava szerint kell élnünk.

Azonban néha az emberek, ha a bűneikre rámutatnak, amíg Isten szavát hallgatják, inkább megsértődnek, és valamilyen próbát kapnak. Azonban egy igaz pásztor még az ilyen emberekkel is türelmes lesz. Könnyekkel fog imádkozni, és körülöleli őket szeretettel, az élet szavával tanítva őket továbbra is, hogy ne essenek a halál útjára.

Mózes egyedül ment fel a hegyre, negyven napig böjtölt, hogy megkapja Istentől a Tízparancsolatot. Mindeközben Izrael népe egy bálványt alkotott, és azt imádta. Nagy bűn volt. Isten dühbe gurult, és teljesen el akarta pusztítani az izraelitákat. Azonban Mózes könnyeket ejtett helyettük (Exodus 32:31-32).

Pál apostolt megverték és bezárták, amikor az evangéliumot prédikálta. Olyan sokat szenvedett, de mindent legyőzött, mert tűrt, és kitartott Jézus Krisztus nevéért. Efezus gyülekezetének lelkésze szintén tűrt és kitartott az Úr nevében, és nem fáradt el, így az Úr dícsérte őt.

Ha a lelkész elfárad és lustává válik, nem fog imádkozni. Nem tudja megvédeni a nyáját az ellenséges ördöggel folytatott spirituális harcban. Az elveszett bárányokat sem tudja visszahozni. Csak amikor a lelkész szorgalmas, tudja gondját viselni a nyájnak, és tudja ellátni az összes feladatát. Ma is, annak érdekében, hogy az Úr dícséretét elnyerjük, a gyülekezet és a pásztor így kell hogy cselekedjen.

Főleg ebben a végső időben, amikor a világ tele van bűnökkel, sok kitartásra és tűrésre van szükség ahhoz, hogy a nyájat a lelkészek elvezessék a mennyei királyságba. Bár tanítjuk az igazságot, és megmutatjuk a bizonyítékokat, amelyek által hihetnek az emberek, még mindig láthatunk olyan lelkeket, akik a világgal barátkoznak, és a sötétségben élnek. Még így is, imádkoznunk kell értük, gyászkönnyekkel a szemünkben. Mindig készen kell állnunk arra, hogy a lelkekre vigyázzunk. Sok szeretettel kell rájuk vigyáznunk, anélkül, hogy elfáradnánk, vagy lustává válnánk.

Manapság még a hívők között is léteznek olyan emberek, akik eltorzítják az igazságot. A megértés és harmónia nevében kompromisszumot kötnek a világi trendekkel. Nagyon sok mindent el kell viselnünk az Úr kedvéért és nevéért. Ha igaz hitünk van az Úrban, örömmel fogunk tűrni, és hálát mondunk, bármilyen nehézség közepette. Nem fáradunk el, hanem szorgalmasan imádkozunk, és ellátjuk a feladatainkat.

AZ ÚR MEGFEDDI EFEZUS GYÜLEKEZETÉT

De az a [mondás]om ellened, hogy az első szeretetedet elhagytad. Emlékezzél meg azért honnét estél ki, és térj meg, és az előbbi cselekedeteket cselekedd; ha pedig nem, hamar eljövök ellened, és a te gyertyatartódat kimozdítom helyéből, ha meg nem térsz. (Jelenések 2:4-5).

Efezus gyülekezetét megdícsérték azért, mert tűrt, és keményen dolgozott az igazságért, nem tolerálta a gonosz embereket, felderítette a hamis apostolokat, kitartott az Úr nevéért, és nem fáradt el az erőkifejtésben. Azonban, az efezusi gyülekezetnek olyan jellemzői is voltak, amelyekért szidás és megfeddés járt.

Efezus gyülekezete elhagyta az első szeretetüket

Efezust elítélte az Úr, majd szigorúan figyelmeztette őket, hogy elmozdítja a gyertyatartójukat. Az ok az volt, hogy elhagyták az első szeretetüket, és az első cselekedetüket. Miért kellett Efezus gyülekezetének ilyen szidást kapnia?

János evangéliumának 14:21. verse ezt tartalmazza: "A ki ismeri az én parancsolataimat és megtartja azokat, az szeret engem; a ki pedig engem szeret, azt szereti az én Atyám, én is szeretem azt, és kijelentem magamat annak." 1 János 5:3 ezt tartalmazza: "Mert az az Isten szeretete, hogy megtartjuk az ő parancsolatait; az ő parancsolatai pedig nem nehezek."

Efezus gyülekezetének tagjai és a lelkészük szerette Istent, és küzdöttek a bűneik ellen, és eleinte le is küzdötték őket. Isten szavának megfelelően próbáltak élni. Húzták az igát, és örömmel és hálás szívvel megnyerték a csatát, azonban ahogy az idő telt, egyre jobban eltávolodtak az igazságtól.

Egy ponton elveszítették az első szeretetüket is. Nem gyűltek össze, és nem imádkoztak. Nem követték az igazság útját, hanem visszatértek a világi életbe.

A legtöbb ember, amikor találkozik Istennel és a Szentlélekkel, megtelik a Szentlélek teljességének örömével. Minden istentiszteletre elmennek, és minden összejövetelre, és állandóan imádkozni próbálnak. Mivel hisznek a mennyország és a pokol létezésében, az evangéliumot hirdetik a testvéreiknek, rokonaiknak, és a szomszédaiknak. Amikor együtt lehetnek a hitbeli testvéreikkel, nagyon boldogok. Várják, hogy jöjjön a vasárnap, és vágynak Isten szavára.

Azonban egy ponton, ahogy az első szeretetük teljessége megszűnik, még ha járnak is istentiszteletre, már nem tudnak szellemben és igazságban ugyanúgy imádni. Csak azért jelennek meg, mert kötelességtudatuk van. Nem csak az istentiszteleten, hanem az ima ideje alatt is elalusznak. Nincs erejük harcolni a bűneik ellen, így kompromisszumot kötnek a világgal, és újra foltosak lesznek a bűneik miatt.

Milyen jelenleg a hited? Miért nem gondolunk az első szeretetre, amikor a Szentlélek megjelent számunkra, és a szívünk tele lett kifejezhetetlen boldogsággal? Arra gondolva, hogy milyen volt a szívünk korábban, hányan közülünk tudják magabiztosan azt mondani, hogy az első szeretetük nem változott meg, és nem hűlt le?

Az Úr megfedd bennünket azért, mert elveszítettük az első szeretetünket. Azt is mondja nekünk, hogy "Emlékezzél meg azért honnét estél ki, és térj meg, és az előbbi cselekedeteket cselekedd" (5. vers). Rá kell jönnünk, mikor történt, hogy elvesztettük az eredeti lelkesedésünket. Megbánást kell tanúsítanunk, és meg kell térnünk, hogy az első cselekedeteket visszaidézhessük, valamint azt a buzgóságot, teljességet, amelyet eleinte éreztünk.

Az első szeretet cserbenhagyásának oka

Egy férfi és egy nő, ha nagyon szeretik egymást, házasságban egyesülnek. Amint az idő telik, megváltoznak, azaz, elhagyják az első szeretetet. Ha megőriznék azt, a kapcsolatok jó maradna örökre, és nem lenne több gondjuk.

Ugyanez a helyzet az Isten és az Úr iránti szeretetünkkel. Mások azt mondják, hogy azért nem jöttek el a vasárnapi istentiszteletre, mert elvállaltak egy állást, hogy pénzt kapjanak, és már nehéz az Úr napját megtartani szentnek. Megint mások azt mondják, hogy a lelkésszel volt problémájuk, vagy azért tették próbára őket, mert kételkedtek a prédikált üzenetben.

Azonban a legalapvetőbb oka annak, hogy elveszítjük az első szeretetünket az, hogy magunkba szívjuk azokat a hamis dolgokat, amiket megpróbáltunk eldobni magunktól. Ha tele is vagyunk a Szentlélekkel most, ha megint a világi dolgokra nézünk, és ezeket magunkhoz vesszük, lehet, hogy a világba esünk.

Ne szeressétek a világot, se azokat, a mik a világban vannak. Ha valaki a világot szereti, nincs meg abban az Atya szeretete. Mert mindaz, a mi a világban van, a test kívánsága, és a szemek kívánsága, és az élet kérkedése nem az Atyától van, hanem a világból. (1 János 2:15-16).

Lehet, hogy valaki szorgalmasan körülmetélte a szívét az első szeretet teljességével, de néhány év múlva, lehet, hogy azt látja, hogy ugyanabban a helyzetben van, és nem fejlődött spirituális értelemben. Hasonló próbatételek érik számos alkalommal, amelyeket le kell küzdenie, vagy lehet, hogy azt látja, hogy a gonosz különböző formái, amelyekről azt hitte, hogy megszabadult, visszatérnek.

Elnyomottnak és megbántottnak fogja magát érezni, és azt is érezheti, hogy nem kell többé próbálkoznia. Még azt is megpróbálja, hogy a világi, testi dolgoktól vigasztalást vár. Lehet, hogy el szeretne érni egy kis kényelmet és pihenést, azonban, ahogy követi a világi divatokat itt is, ott is, lehet, hogy teljesen visszaesik a világi dolgokba.

"A gyertyatartódat elmozdítom a helyéből"

A spirituális dolgokat soha nem lehet világi módszerekkel megoldani. Amikor egy ember hitének növekedése megáll, meg kell állnia, és rá kell jönnie, hogy a gondjának a megoldása spirituális módon történhet csak. Még komolyabban kell Isten előtt imádkoznia, kegyelmet és erőt kell fentről lehoznia, és a Szentlélek segítségét meg kell kapnia.

Hogy ezt megtehessük, emlékeznünk kell, honnan estünk le, meg kell bánnunk a bűneinket, és meg kell térnünk. A bűn falát meg kell törnünk, mely azzal keletkezett, hogy az első szeretetet és cselekedetet elhagytuk. Csak ekkor kaphatunk erőt és kegyelmet, hogy megint szaladhassunk. Nem egyszerűen megbánást kell tanúsítanunk, hanem a szívünket szét kell tépnünk a megbánásban.

"Isten az Atya feláldozta értem az Ő egyetlen Fiát. Az Úr felvette a keresztet értem, sok szenvedésen és gúnyolódáson ment át, hogy megmutassa a szeretetét értem. Hogyan hagyhatta el a szeretetét és kegyelmét?"

Ez a fajta bűnbánat a szívünk mélyéről kell hogy jöjjön, és a megbánás gyümölcsét kell hogy teremjük. El kell telnünk a Szentlélekkel, és vissza kell szereznünk a szenvedélyes keresztény életet, amely egykor a sajátunk volt.

Az Úr megfeddi Efezus gyülekezetét, mely elhagyta az első szeretetét, és azt mondja nekik, hogy tanúsítsanak bűnbánatot. Amennyiben nem teszik, az Úr elmozdítja a gyertyatartójukat. A gyertyatartó itt a gyülekezetre vonatkozik, és ennek a résznek két fő jelentése van.

Először, "a gyertyatartót elmozdítani a helyéről" azt jelenti, hogy az Úr elveszi a Szentlelket, minden egyén lelkéből.

1 Korinthusi 3:16 ezt tartalmazza: "Nem tudjátok-é, hogy ti Isten temploma vagytok, és az Isten Lelke lakozik bennetek??" A testünk Isten szent temploma. "Elmozdítani a gyertyatartót" azt jelenti, hogy elmozdítja a templomot, mely az Úr teste. Az Úr elmozdítja Szentlelket, aki a szívünkben lakik.

1 Thesszalonikaiak 5:19 ezt tartalmazza: "A Lelket meg ne oltsátok," és az 1 Korinthusiakhoz 3:17 ezt tartalmazza: "Ha valaki az Isten templomát megrontja, megrontja azt az Isten. Mert az Istennek temploma szent, ezek vagytok ti." Isten azt mondja, hogy elpusztítja az embert, ha az ember tönkre teszi Isten templomát. Ez azt jelenti, hogy ha Isten elveszi tőlünk a Szentlelket, nem lehetünk többé Isten szent temploma többé.

Miután a Szentlélek megszállt bennünket, ha elveszítjük az első szeretetünket, és a bűnöket követjük, meg a világi életet, a Szentlélek nem veheti be a szívünket, mint egy szent templomot, és nem lakhat bennünk. Ha megbánjuk a bűneinket, és megtérünk, mielőtt a Szentlélek megszomjazna, Isten kegyelme elér minket, és még egy esélyt kapunk Tőle. Ha nem bánjuk meg a bűneinket, és nem térünk meg, és végül túlmegyünk az Ő igazságának határán, a Szentlelket elveszítjük.

Azonban addig, amíg valaki eléri ezt a helyzetet, a Szentlélek állandóan megértésre buzdítja. A Szentlélek gyásza miatt megérzi a gondot, az aggodalmat, valamint a lehangoltságot a szívében. Isten szava által Isten megadja neki a lehetőséget, hogy megbánja a bűnét. Azonban ha nem tanúsít bűnbánatot, és a Szentlélek végül elhagyja őt, akkor természetesen a Szentlélek már nem segíthet rajta. Mivel ismeri az igazságot, lehet, hogy megpróbál megtérni, azonban – mivel már nem kaphat segítséget a Szentlélektől – nem bánhatja meg a bűnét.

Ahelyett, hogy megbánást tanúsítana, megpróbálja a szívét világi dolgokkal vigasztalni. Ha valaki eléri ezt az állapotot, nagyon nehéz lesz számára a visszatérés. A szeretet-áldozat nélkül, amely túlmegy Isten igazságán, könyörtelenül az örök halálba esik. Ezért Isten gyermekei közül senki nem szabad hogy ebbe a helyzetbe kerüljön, aki a Szentlelket már megkapta ajándékba.

Másodszor, "a gyertyatartót elmozdítani a helyéről" azt jelenti, hogy az Úr elveszi a Szentlelket a templomtól.

Nem csak az egyének, hanem a gyülekezet és a templom esetében is, ha az első szeretet kihűl, a Szentlélek munkái eltűnnek, és az újjáéledés is leáll.

A gyülekezet kezdeti periódusában lehet, hogy Istenhez kiáltanak az imáikkal, azonban, miután valamennyire újjáéledtek, a lelkesedésük leáll. Nem imádkoznak buzgón többé. Nem gyűlnek össze. Nem terjesztik az evangéliumot szorgalmasan többé. Amint a Szentlélek munkái megszűnnek a templomban és a gyülekezetben, spirituális álomba esnek. Amikor a Szentlélek munkái leállnak, nem könnyű visszahozni a tüzes imákat, és visszaszerezni a Szentlélek teljességét. Mivel a templom elvesztette az első szeretetet, és Isten elmozdította a gyertyatartót, a Szentlélek már nem munkálkodik többet.

Ha a Szentlélek nem munkálkodik többé egy templomban, a Sátán hamarosan elkezdi a munkáját, a megosztás és veszekedés által. Addig fajulhat a dolog, hogy a templom tönkremegy.

Bár nem olyan súlyos, mint ez a helyzet, ha a Szentlélek nem dolgozhat egy templomban többé, azt jelenti, hogy a templom már felhagyott a feladatával.

Ezért, nekünk, hívőknek, akik a végső időkben élünk, fontos emlékezni 1 Péter 4:7 verseire, ahol ez áll: "A vége pedig mindennek közel van. Annakokáért legyetek mértékletesek és józanok, hogy imádkozhassatok." Ébernek kell lennünk. Ha elvesztettük az első szeretetet, gyorsan bűnbánatot kell tartanunk, meg kell térnünk, és el kell fordulnunk a bűntől, hogy Isten ne mozdítsa el a gyertyatartót a helyéről.

AZ ÚR TANÁCSA ÉS ÁLDÁSA, AMELYET AZ EFEZUSI GYÜLEKEZETNEK AD

De az megvan benned, hogy a Nikolaiták cselekedeteit gyűlölöd, a melyeket én is gyűlölök. A kinek van füle, hallja, mit mond a Lélek a gyülekezeteknek. A győzedelmesnek enni adok az élet fájáról, a mely az Isten paradicsomának közepette van. (Jelenések 2:6-7).

Miután Isten megdícsérte, majd megfeddte az efezusi gyülekezetet, még mindig tovább akarta dícsérni a gyülekezetet, mert ez az Ő bölcsessége. A szidás, amit az Úr az efezusi lelkésznek meg a gyülekezetnek szánt, mivel elhagyták az első szeretetüket, nem kis szidás volt.

"A gyertyatartót elmozdítani a helyéről" azt jelenti, hogy a nevüket kitörlik a mennyei királyság könyvéből, és nem üdvözülhetnek. A gyülekezetet tekintve, azt jelenti, hogy nem töltheti be a feladatát, mint a Krisztus teste, mivel a Szentlélek munkái nem folytatódnak ebben a templomban.

Milyen sokkoló lehetett ez, amikor meghallották! Ha egy hívő tanácsot kap, és ezt mondják neki: "Isten elveszi tőled a Szentlelket, és nem üdvözülhetsz," akkor a hívő sokkot kap, és összeesik.

Ugyanez volt az efezusi egyházzal is. Miután az Úr szigorúan megszidta az efezusi gyülekezet lelkészét és tagjait, megtartott egy dícséretet a tarsolyában, hogy ne veszítsék el a szívük erejét, hanem bánják meg a bűnüket, és továbbra is a hitben meneteljenek. Ez az volt, hogy az efezusiak gyűlölték a nikolaiták tetteit.

Efezus gyülekezete gyűlölte a nikolaiták tetteit

A nikolaitáké egy olyan csoport volt, amelyet Nikola alapított, aki a korai egyházak plébánosainak egyike volt. Mivel a korai egyház nagyon hamar felnőtt (Cselekedetek 6:7), plébánosokat választottak, hogy az adminisztratív munkákat elvégezzék, hogy az apostolok Isten szavára és az imára tudjanak koncentrálni.

Annakokáért a tizenkettő egybegyűjtvén a tanítványok

sokaságát, mondának: Nem helyes, hogy mi az Isten ígéjét elhagyjuk és az asztalok körül szolgáljunk. Válaszszatok azért, atyámfiai, ti közületek hét férfiút, kiknek [jó] bizonyságuk van, kik Szent Lélekkel és bölcseséggel teljesek, kiket erre a foglalatosságra beállítsunk. Mi pedig foglalatosok maradunk a könyörgésben és az ígehirdetés szolgálatában. (Cselekedetek 6:2-4).

Kiválasztottak hét jó hírneves embert, tele a Szentlélekkel és bölcsességgel, akiket megbízhattak a templombeli feladatok ellátásával. Egyikük Nikola volt. Azért dícsérték, mert tele volt hittel, a Szentlélekkel, azonban később otthagyta az igazság útját. Valami ilyet mondott: "A szellem tiszta, bűntelen, és szent. Az emberek azért bűnöznek, mert a látható testük tele van bűnnel. A bűnnek nincs kapcsolata az emberekben élő lélekkel. Amikor Isten elhívja a lelkünket, a test egy marék porba megy vissza, és ezért, függetlenül attól, hogy hány bűnt követett el a testünk, a lelkünk megszabadul."

Isten szava azonban azt mondja nekünk, hogy miután elfogadjuk Jézus Krisztust, mint Megmentőnket, ha továbbra is bűnözünk, a Szentlélek kialszik. Ha újra elkövetjük az Úr keresztre feszítésének bűnét, nem leszünk képesek még megbánni sem azt.

Mert lehetetlen dolog, hogy a kik egyszer megvilágosíttattak, megízlelvén a mennyei ajándékot, és részeseivé lettek a Szent Léleknek, És megízlelték az Istennek jó beszédét és a jövendő világnak erőit, És elestek, ismét megújuljanak a megtérésre, mint a kik önmagoknak feszítik meg az Istennek ama Fiát, és meggyalázzák őt. (A zsidókhoz írt levél 6:4-6).

Nikola érvelése Isten szavának elferdítése volt. Ahhoz, hogy Isten szavát gyakoroljuk, nehéz munka és kitartás szükségeltetik. A nikolaiták azt tanították, hogy még akkor is üdvözülhetnek, ha bűnöznek. Azok az emberek, akik szerették a világi életet, és a sötétségben éltek, könnyen kísértésbe estek. Még amikor megpróbálták a bűneiket eldobni maguktól, még akkor is becsaphatták őket, és visszamehettek a világi életbe, újra.

Ha valaki ezt a fajta elméletet tanítja, és az emberek egyet értenek vele egy templomban, nem sokára a teljes gyülekezet foltos lesz a bűnöktől. Manapság, bármely munka, amely ravasz módon eltorzítja Isten szavát, hogy becsapja a hívőket, minősíthető úgy, hogy beteljesíti a nikolaiták cselekedetét.

Még ha magas rangban is van egy ember a gyülekezetben, és eltelt a Szentlélekkel, hogy sokan dícsérjék, amíg nem válik teljesen spirituálissá, a Sátán munkái befolyásolhatják annyira, hogy elhagyja az igazság útját. Ezért mindig ébernek kell lennünk, hogy ne essünk a próbák és kísértések útjára.

Azonban egy dologra nagyon vigyáznunk kell. Természetesen rendben van, ha valamit, ami Isten akarata ellen van, utálunk. Azonban Isten szavával nagyon jól különbséget kell tennünk jó és rossz között, hogy ne zavarjuk a Szentlelket az arroganciánkkal. Ha elítélünk egy gyülekezetet s egy lelkészt, amelyet a Szentlélek munkái követnek, nagy bűnfalat építünk Isten ellen.

Isten ígérete azoknak, akik győznek

Miután meghallgattuk az igét, nem szabad puszta ismeretként megőriznünk azt. Annak érdekében, hogy győzni tudjunk, el kell ültetnünk a szívünkben, hagynunk kell, hogy kikeljen, és a Szentlélek segítségével le kell szednünk a gyümölcsöt. Itt a győzelem azt jelenti, hogy visszaszerezzük az első szeretetet, és az igazságban élünk újra.

Amikor a Szentlélek megszáll minket, és meghallgatjuk Isten szavát, be kell vésnünk azt a szívünkbe jól, és gyakorolnunk kell, így le fogjuk győzni a világot, amely tele van bűnökkel. Ezért "azok, akik győznek" azokra vonatkozik, akik az első szeretetet képesek visszaszerezni. Az Úr megígérte ezeknek az embereknek: "Garantálom nektek, hogy enni fogtok az élet fájáról, amely Isten Paradicsomában van."

Az élet fájának gyümölcse nem csak a Paradicsomban van jelen, hanem a mennyei királyság összes helyén, beleértve

Új Jeruzsálemet. Vajon miért ígérte meg nekik az Úr, hogy megengedi, hogy egyenek az élet fájáról a Paradicsomban? Itt "enni az élet fájáról, amely Isten Paradicsomában van" – két értelemmel bír.

Először azt jelenti, hogy a Paradicsomba mennek, amely a mennyei királyság legalacsonyabb szintű lakóhelye. A mennyei királyság csoportosított és különböző lakóhelyekkel bír, amelyek mindenki hitének megfelelően járnak. A Paradicsom az a hely, amelyet az a bűnöző kap, aki Jézus mellett megtért a kereszten. Mivel az efezusi gyülekezetben a hívők elveszítették az első szeretetüket, amikor bűnbánatot tartottak, és megtértek, abba a helyzetbe kerültek, hogy éppen csak üdvözültek.

Még ha el is veszítették az első szeretetüket, ha emlékeznek arra, honnan estek le, megbánják a bűneiket, és szorgalmasan szaladnak tovább a hit menetében, jobb lakóhelyet kapnak a mennyországban. Azonban, ha csak azon a szinten maradnak, ahol az első szeretetet visszaszerzik, csak szégyenteljes üdvösséget nyerhetnek, és a Paradicsomba juthatnak csak.

A Paradicsom második jelentése a teljes mennyei királysággal kapcsolatos, és általában értendő. Ez az üzenet nem csak az efezusi gyülekezetnek szólt, hanem az összes gyülekezethez. Ha visszaszerezzük az első szeretetet, és bemegyünk a mennyei királyságba, bármelyikünk ehet az élet fájáról.

43

A szeretet Istene azt szeretné, hogy szerezzük vissza az első szeretetünket

Jézus Krisztus ugyanaz volt tegnap, mint ma, és mint bármikor, és Isten összes gyermekét szereti, az Ő állhatatos szeretetével. Azonban, az emberek néha elhagyják ezt a szeretetet, és a saját vágyukat és javukat követik, valamint a húsbeli, állhatatlan vágyaikat. Az első szeretetük megváltozik.

Azonban a szeretet Istene nem fordítja el az Arcát, vagy nem hibáztatja még ezeket az embereket sem, csak ha nem térnek meg, hogy visszaszerezzék az első szeretetüket, valamint az első cselekedeteiket. Nem is emlékszik a múlt dolgaira, hanem ugyanolyan szívvel szereti őket. Ez Isten szíve.

Efezus gyülekezete dícséreteket kaphatott az Úrtól, azonban szigorú szidást is kellett hogy kapjanak, mely szerint elmozdítják a gyertyatartójukat a helyéről. Ez azért volt, mert elveszítették az első szeretetüket.

Azonban a valódi ok, amiért az Úr megszidta Efezus gyülekezetét nem az volt, hogy megijessze őket, és a pusztulásba vezesse őket. Hanem az, hogy rávezesse őket a megbánásra és a bűneiktől való elfordulásra. Az volt, hogy mindent legyőzzenek, és Isten királyságában lakjanak Vele.

Isten akarata az, hogy az Ő gyerekei eldobják a bűnöket, és

szentté váljanak, és a hitük mértéke megnőjön, az igazságban. Azonban, amíg teljesen nem szentesülünk, állandó kísértések vannak, és a Sátán próbáknak tesz ki bennünket. Emlékeznünk kell, hogy bárki eshet próbák martalékául, és elveszítheti az első szeretetét, hacsak nem éber eléggé.

Ha fennkölt szívünk van, ezt gondolva: "Nagyon hűséges és szorgalmas voltam az Úrral szemben," soha nem tudunk felébredni a spirituális szendergésünkből.

Még ha jót is tettünk, az érdemtelen szolgák szívével kell bírnunk, ezt gondolva: "Érdemtelen szolgák vagyunk. Megtettük, amit meg kellett tennünk." Ily módon, amikor a Szentlélek révén rájövünk dolgokra, és tanácsot kapunk, megtérhetünk, visszaszerezhetjük az első szeretetet és az első cselekedeteket.

Most kell megvizsgálnunk, hogy elveszítettük-e az első szeretetünket Istenhez és az Úrhoz, hogy a szeretetünk csak nagyobb legyen, egyre nagyobb, és így az Úrnak tetszhessünk.

MÁSODIK FEJEZET

SZMIRNA GYÜLEKEZETE
- A hitbeli megpróbáltatások leküzdése

A szmirnai gyülekezet nagyon sok szenvedésen ment át, beleértve a polikarpi mártírságot. A hét gyülekezet között ez az egy különleges volt. Nem kaptak szidást vagy dícséretet, csak tanácsot. Azonban, azt az ígéretet kapták, hogy ha végigmennek a szenvedéseken, és a halálukig hűek maradnak, megkapják az élet koronáját.

Azoknak a gyülekezeteknek adják ezt az üzenetet, amelyek az Úr nevében szenvednek, valamint azoknak a hívőknek és gyülekezeteknek, akik elmennek majd Észak-Koreába, Isten akaratából, hogy a feladatukat elvégezzék egy olyan földön, amely puszta az evangélium hiányától.

Jelenések 2:8-11

A Smirnabeli gyülekezet angyalának pedig írd meg: Ezt mondja az Első és Utolsó, a ki halott vala és él:

Tudom a te dolgaidat és nyomorúságodat és szegénységedet (de gazdag vagy), és azoknak káromkodását, a kik azt mondják, hogy ők zsidók, és nem azok, hanem a Sátán zsinagógája. Semmit ne félj azoktól, a miket szenvedned kell: Ímé a Sátán egynéhányat ti közületek a tömlöczbe fog vetni, hogy megpróbáltassatok; és lesz tíz napig való nyomorúságtok. Légy hív mind halálig, és néked adom az életnek koronáját.

A kinek van füle, hallja, mit mond a Lélek a gyülekezeteknek. A ki győz, annak nem árt a második halál.

AZ ÚR ÜZENETE A SZMIRNAI GYÜLEKEZETHEZ

A Smirnabeli gyülekezet angyalának pedig írd meg: Ezt mondja az Első és Utolsó, a ki halott vala és él. (Jelenések 2:8).

Szmirna arról híres, hogy itt született a görög író, Homérosz, aki megírta a legrégebbi eposzt, az Íliászt, és az Odüsszeát. Sok zsidó letelepedett Szmirnába, a legkorábbi időktől kezdve. A város egy kereskedelmi központ volt, mint Efezus, valamint egy bálványimádó központ is, nagyon sok, bálványok imádását szolgáló oltárral, ahol a császárt is lehetett imádni.

Abban az időben a szmirnai emberek a római császárt "úrnak" hívták, és azt hitték, a világon csak ez az egy császár létezik.

Azonban a keresztények abban hittek, hogy az igazi tekintéllyel nem a római császár, hanem Jézus Krisztus bír. Ezért fel kellett adniuk az életüket. Szmirna kormánya együttműködött a római kormánnyal, és súlyosan megbüntette a keresztényeket.

Egy kormányzó megkérte Polikárpot, Szmirna gyülekezetének püspökét, és János apostol tanítványát, hogy tagadja meg Jézus Krisztust, és vallja a római császárt "dominiusznak" (úrnak), csak egyszer. Kereken visszautasította ezt, és ezt kérdezte: "Jézus Krisztus, az Úr, egyszer sem tagadott meg engem életemben, hogyan tagadhatnám meg az Uramat?"

Mint ahogy sokan másokat, akik az Úr nevét megvallották, elégették őt is. A láng, amely felcsapott, majd eltűnt egy idő után, nem tudta elvenni a hitét.

Az első és az utolsó, aki halott volt, de feltámadt

Amikor az Úr írt Szmirna gyülekezetének, így mutatta be Magát: "Ezt mondja az Első és Utolsó, a ki halott vala és él."

A Jelenések könyvében találunk hasonló kifejezéseket, mint: "első és utolsó," "kezdet és vég," de a spirituális jelentésük mind különböző (Jelenések 22:13).

Először, "az omega és az alfa" azt jelenti, hogy az Úr a kezdete és a vége minden civilizációnak.

"Az alfa és az omega" a görög ábécé első és utolsó betűi, és János ezt használta, amikor a Jelenések könyvét megírta. Az "A" a modern angol első betűje, a görög ábécé első betűjéből, az "alfából" származik. Ugyanaz, mint az utolsó betű, "Z," azaz "omega." Széles körben használják a legtöbb európai nyelvben manapság is.

Az irodalmi nyelv betűi által az emberiség bemutathatta a gondolatait, és kommunikálhatta a tudását és bölcsességét, a civilizáció fejlődése érdekében.

Isten a tudás és bölcsesség eredete. Alapvetően a kultúra és civilizáció azért fejlődhetett ki, mert Isten bölcsességet és tudást adott az embernek. A modern civilizáció fejlődése akkor ér véget, amikor az Úr visszatér a földre.

Azzal, hogy megemlíti az ábécé első és utolsó betűit, amelyek a civilizációt képviselik, Isten a tudtunkra adja, hogy az Úr minden civilizáció kezdete és vége.

Az, hogy azt mondja: az Úr a kezdet és a vég, azt jelenti, hogy Ő az emberi civilizáció kezdete és vége. Ahogy mondja: "Minden ő általa lett és nála nélkül semmi sem lett, a mi lett." (János 1:3), Isten alkotott meg mindent, és elkezdte az emberi civilizációt a földön, Jézus Krisztus által, és Isten fogja be is fejezni, Jézus

51

Krisztus által.

Mi a jelentése annak, amikor az Úr így mutatta be magát: "Ezt mondja az Első és Utolsó, a ki halott vala és él"?

"Az első" azt jelenti, hogy ő az első a feltámadásban. A Rómaiakhoz írt levél 5:12 ezt tartalmazza: "Annakokáért, miképen egy ember által jött be a világra a bűn és a bűn által a halál, és akképen a halál minden emberre elhatott, mivelhogy mindenek vétkeztek." Ádám összes leszármazottja arra volt ítélve, hogy meghaljon, mivel a spirituális törvény azt mondja, hogy "a bűn büntetése a halál" (A rómaiakhoz írt levél 6:23).

Jézus Isten egyetlen Fia. Miattunk keresztre feszítették őt, és ezzel megszabadított bennünket a bűneinktől. Bárki, aki elfogadja Jézus Krisztust, mint Megmentőjét, megszabadulhat a bűneitől, ezzel letérhet a halál útjáról, és üdvözülhet. Mivel Jézus teljesen bűntelen volt, feltámadt a harmadik napon, és a feltámadás első gyümölcse lett.

"Az utolsó" az Úr második eljövetelére vonatkozik, amely a levegőben fog történni. Amikor az Úr eljön a levegőben, az emberek megmentésének teljes munkafolyamata be lesz fejezve. Az Úr második eljövetelekor, a levegőben, azok, akik hittek az Úrban és meghaltak, valamint azok, akik élve találkoznak az

Úrral, mind úgy jelennek meg, mint a feltámadás gyümölcsei.

Természetesen létezik a "maradék üdvösség" is, a Nagy Megpróbáltatás hét éve alatt. Azonban az üdvösség legnagyobb része az Úr második, levegőbeli eljövetelekor fog valóra válni. Ebben a pillanatban a Szentlélek időszakának is vége szakad. Ezért "az utolsó" az Úr második, levegőben történő eljövetelére is vonatkozik, az időre, amikor Ő leszakítja a feltámadás gyümölcsét.

Jézus Úr, aki az első és az utolsó, azt is mondta, hogy "Én vagyok az, aki halott volt, és életre kelt." Ez a keresztre feszítés utáni feltámadásra utal. Jézus meghalt, majd feltámadt, és ez a keresztény életünknek egy nagyon fontos része.

Ahogy a Rómaiakhoz 10:9 mondja: "Mert ha a te száddal vallást teszel az Úr Jézusról, és szívedben hiszed, hogy az Isten feltámasztotta őt a halálból, megtartatol," csak akkor üdvözülhetünk, ha hiszünk Jézus Krisztus feltámadásában.

A tanítványok és a korai egyházak tagjai tanúi voltak Jézus feltámadásának

Manapság sok olyan ember létezik, aki jár templomba, de nem hisz Jézus Krisztus feltámadásában. Mivel nincsenek meggyőződve a feltámadást illetően, nincs hitük, hogy Isten szavának megfelelően éljenek.

Jézus megmutatta, hogy Ő Isten Fia, mivel sok jelet és csodát mutatott a három év alatt, amíg a tanítványaival volt. Azt is előre megmondta nekik, hogy meg fog halni a kereszten, feltámad a harmadik napon, megtörve a halál tekintélyét. Azonban, amikor Jézust letartóztatták, és kereszt általi halálra ítélték, az összes tanítvány elrohant a félelme miatt.

Még Péter is, aki azt vallotta, hogy inkább meghal, minthogy az Urat megtagadja, háromszor tagadta meg Őt. Azért volt ez, mert akkoriban még nem szállta meg a Szentlélek, és nem tudta teljesen elhinni a szívével, hogy Jézus valóban feltámad majd.

Azonban akkor történt egy nagy csoda. A tanítványok, akik félelmükben elszaladtak, eljöttek Jézus Krisztus mellett tanúskodni úgy is, hogy a halállal kellett szembe nézniük. Néhányan közülük oroszlánok áldozataivá váltak, másokat lefejeztek, míg másokat kettéfűrészeltek. Egy tanítvány azt kérte, hogy feszítsék fejjel lefelé keresztre.

Az ok, amiért tudtak az Úr mellett tanúskodni végig – még a mártírság nagy fájdalmai alatt is – az volt, hogy ők maguk is találkoztak a feltámadt Úrral. Mivel első kézből megtapasztalták a feltámadt Urat, megvolt számukra a feltámadás bizonyossága. Tele voltak a mennyei királyság iránti vággyal, és a haláltól való félelem semmit nem jelentett nekik, így fel tudták áldozni az életüket az Úrért.

Nem csak a Tanítványai, hanem a korai gyülekezetek számos tagja is megtapasztalhatta az Úr feltámadását és mennybe menetelét. Nekik is megvolt a feltámadás és remény iránti bizonyosságuk. Mivel feláldozták az életüket, a kereszténység nagyon hamar el tudott terjedni, még a római birodalom komoly üldözése ellenére is, és végül maga a római birodalom is keresztény állammá vált.

Ilyen komoly büntetések mellett nem hittek az Úr feltámadásában, mivel nem tapasztalták meg azt, hogy is lettek volna képesek a hitüket egész végig megőrizni? Bátran prédikálhatták az evangéliumot, mivel megtapasztalták az Úr feltámadását. Nem csak a szavakkal prédikálták azt.

Márk 16:20 ezt tartalmazza: "Azok pedig kimenvén, prédikálának mindenütt, az Úr együtt munkálván velök, és megerősítvén az ígét a jelek által, a melyek követik vala. Ámen!." Mivel olyan jelek és csodák történtek, amelyek nem lehetségesek emberi erő által, az emberek elhitték a szavaikat.

Az emberi történelem az Úr feltámadását tanúsítja

A történelem azt tanúsítja, hogy Jézus létezett. A világ történelme i.e (időszámításunk, azaz Krisztus előtt), és i.sz (időszámításunk szerint, azaz Krisztus után) részekre oszlik.

Csak ha ezt megnézzük, hogy az idő folyama a Krisztus előtti és utáni időszakra oszlik, világosan látszik, hogy Jézus eljött a földre. Továbbá, Jézus születésével együtt Izrael történelme bizonyítja Jézus keresztre feszítését és feltámadását.

Izrael Jézus születésének idején a rómaiak uralkodása alatt állt, és Jézus születésének és feltámadásának történelmi dokumentálása megtörtént.

Pilátus, a kormányzó, aki Jézust keresztre feszítésre ítélte, lejegyezte ezt az incidenst részletesen, és elküldte a jelentést a római császárnak. Ezt a jelentést az Aya Szófiában őrzik, Isztambulban. Ha ezt az egy tényt nézzük, elhihetjük, hogy Jézus feltámadása realitás volt, és biztosan reménykedhetünk a feltámadásban.

A szmirnai gyülekezetnek küldött üzenet azoknak a gyülekezeteknek is jár, akik a szmirnaival hasonló helyzetben vannak.

A mai esetek, amelyek a szmirnai gyülekezet üzenetével egyeznek

A szmirnai gyülekezet üzenete azoknak szól, akik olyan

országokba mennek, ahol az evangelizáció tiltott, főleg azok, akik Észak-Koreába mennek, és Isten erőteljes munkáit mutatják.

Már több mint ötven éve, hogy a koreai háború kitört, de most is vannak olyan észak- vagy dél-koreaiak, akiknek a szülei, testvérei vagy rokonai Korea másik felében vannak.

Pál apostolnak volt szenvedélye ahhoz, hogy a népét megmentse, ahogy a Rómaiakhoz 9:3-ban írja: "Mert kívánnám, hogy én magam átok legyek, [elszakasztva] a Krisztustól az én atyámfiaiért, a kik rokonaim test szerint."
Azért van, mert ismerte Isten komoly szívét az Ő választott népe iránt, és azért, mert Pál égő szeretettel és buzgalommal viseltetett a népe iránt.

Hasonlóképpen, amikor az észak-koreai misszió elindul, a dél-koreaiak hatalmas buzgalommal viseltetnek az észak-koreaiak iránt, és bemennek Észak-Koreába, hogy az evangéliumot terjesszék. Amikor valóban odamennek, lehet, hogy nehezebb gazdasági és más jellegű helyzettel találkoznak, mint amit korábban gondoltak. Nem csak üldözéseket, hanem lehet, hogy mártírságot kell elviselniük.

Amint telik az idő, az üldözések keményebbekké válnak, és a misszionáriusoknak el kell gondolkodniuk, hogy ott maradnak továbbra is, vagy visszajöjjenek a Délre. Bármilyen helyzetben, ha gazdag a szívük, a körülmények nem fognak számítani nekik.

Itt a "szívük gazdagsága" azt jelenti, hogy tele vannak a mennyei királyság iránti vággyal. Tele vannak hittel, a Szentlélekkel, és vágyakoznak a jutalmakért, amelyeket a mennyei királyságban kapnak. Ahogy a 2 Korinthusiakhoz 6:10 írja: "Mint bánkódók, noha mindig örvendezők; mint szegények, de sokakat gazdagítók; mint semmi nélkül valók, és mindennel bírók."

Amikor a szívük tele van az Isten-adta gazdagsággal, teljesen be tudják teljesíteni Isten akaratát és gondviselését.

Szenvedés egy olyan földön, amely az evangélium hiányától puszta

Még a dél-koreai misszionáriusok között is, lesznek olyan emberek, akik Isten munkáját zavarni fogják. Ahelyett, hogy együtt dolgoznának az evangélium terjesztésén, félbe fogják szakítani Isten munkáit.

A főpapok, papok és írástudók Jézus idején féltékenyek voltak Jézusra, mivel nagy csodákat manifesztált, és a mennyei királyság evangéliumát hirdette. A tudásuk keretében ítélték meg Őt, és végül megölték.

Hasonlóképpen lesznek ilyen emberek Észak-Koreában is. Amikor a misszionáriusok jeleket és csodákat mutatnak, amikor az evangéliumot prédikálják, lesznek más misszionáriusok is, akik megszakítják őket, nagy nehézségeket okozva ezzel nekik. Azonban, ha a gondot jósággal, hittel, szeretettel legyőzik, minél több a zavaró tényező, annál hatalmasabbak lesznek Isten munkái.

Isten azt mondja nekünk, hogy más misszionáriusok részéről zavaró cselekedetek várhatóak, de országszinten is üldözések lesznek, és ez lesz a nagyobb gond. Amikor az idő eljön, Észak-Koreának meg kell majd nyitnia a kapuit. Ekkor nagyon sok ember bemegy majd Észak-Koreába, az evangélium víziójával. Azonban nem sokára Észak-Korea ismét bezárja ajtait, hogy a kormányzati berendezkedésüket meg tudják őrizni. Azt fogják hinni, hogy az egyik legnagyobb veszély a rendszerük számára Isten hatalma.

Néhány misszionárius nem csak az evangéliumot fogja prédikálni, hanem csodás és hatalmas munkáit fogják mutatni Isten erejének, amelyek emberi hatalommal nem megvalósíthatóak. Ezért a kormány figyelni fogja őket. Később, amikor nagyon sok csoda történik, szükségesnek fogják érezni, hogy Isten szolgáit üldözzék, és valahogy megállítsák őket.

Végül az olyan templomokat, ahol Isten munkái nagyban megnyilvánulnak, be fogják zárni. Bezárják a misszionáriusokat és a templomi szolgálókat, és vádakat koholnak majd, amelyek alapján ki lehet őket végezni. Ha ezeket a misszionáriusokat, és

Isten szolgáit kizárólag vallási alapon végzik ki, túl sok negatív figyelmet vonnak magukra a világ részéről, és nagy ellenállást fognak kiváltani. Addig, amíg az észak-koreai hivatalos szervek képesek jó okokat kitalálni, Isten szolgáinak a maguk börtönében kell szenvedniük.

A Jelenések könyve 2:10 ezt tartalmazza: "Semmit ne félj azoktól, a miket szenvedned kell: Ímé a Sátán egynéhányat ti közületek a tömlöczbe fog vetni, hogy megpróbáltassatok; és lesz tíz napig való nyomorúságtok. Légy hív mind halálig, és néked adom az életnek koronáját."

Nem azt jelenti, hogy pontosan tíz napig fognak a börtönben szenvedni. Csak annyit jelent, hogy az észak-koreai kormánynak tíz napja van arra, hogy különböző okokat koholjon arra, hogy kivégezze őket.

Jutalmak, és a mártírok tisztelete

A helyi észak-koreaiak látni fogják a mártírságot, és sokan közülük szintén terjeszteni fogják az evangéliumot, a mártírság szellemében.

Nagyon fontos, hogy az észak-koreai embereket elküldjék, hogy az evangéliumról prédikáljanak. Azonban, sokkal nagyobb hatású lesz, ha az észak-koreaiak hitben nőnek fel, és az evangéliumot a mártírság szellemében terjesztik. Számos ilyen ember mártírsága a helyi emberek között meggyújtaná a szikrát, hogy ők is terjesszék az evangéliumot.

Nem lesz az összes misszionáriusból, aki Észak-Koreába megy, mártír. Közülük csak néhánynak sikerül. Ők dönthetik el, hogy mit akarnak, és ha azt választják, elkerülhetik a mártírságot. Nem könnyű az Úr nevéért mártírrá válni. Azonban, ha valaki örömmel és hálával küzdi le az üldözéseket, mint Pál apostol tette, akkor a dicsősége, jutalmai és dícsérete nagyon nagy lesz a mennyei királyságban. A mártírságért magáért nagy jutalom jár, de azokért a lelkekért is jutalom jár, amelyeket megment az illető a mártírsága által.

Ezért, amikor valaki emlékszik, milyen dicsőséges dolog hűségesnek lenni a halálig, és ráadásul egy olyan földön, amelyet megfosztottak az evangéliumtól, csak a mennyei királyság jutalmait és dicsőségét fogja értékelni, és mindenféle próbát és üldözést le fog küzdeni.

AZ ÚR TANÁCSA SZMIRNA GYÜLEKEZETÉNEK

Tudom a te dolgaidat és nyomorúságodat és szegénységedet (de gazdag vagy), és azoknak káromkodását, a kik azt mondják, hogy ők zsidók, és nem azok, hanem a Sátán zsinagógája. Semmit ne félj azoktól, a miket szenvedned kell: Ímé a Sátán egynéhányat ti közületek a tömlöczbe fog vetni, hogy megpróbáltassatok; és lesz tíz napig való nyomorúságtok. Légy hív mind halálig, és néked adom az életnek koronáját. (Jelenések 2:9-10).

A hét gyülekezet között csak a szmirnai volt az, amely csupán tanácsot kapott, dícséretet vagy szidást nem. Azonban, a szmirnai gyülekezetnek adott tanács nagyon fontos tartalommal bír. Elmondja nekünk, miért kell szembenéznünk próbákkal és nehézségekkel, mi a Sátán zsinagógája, és milyen fajta személy kapja meg az élet koronáját.

Szmirna gyülekezete próbatételektől és szegénységtől szenvedett

Az Úr tudott a szegénységről és a próbatételekről, amelyeket a szmirnai gyülekezetnek le kellett küzdenie, és ezt mondta: "De gazdagok vagytok." Lehet, hogy valaki szegénységben élt, mielőtt az Urat elfogadta. Azonban, miután elfogadta az Urat, ahogy a keresztény életét éli, Isten megvédi őt, és gazdag életet élhet.

Miért szenvedett Szmirna gyülekezete szegénységtől, nehézségektől, annak ellenére, hogy hittek az Úrban? A hívők nehézségei hasonlíthatnak a hitetlenekére, azonban valójában nagyon különbözőek. A szenvedéseink által, amelyeken az Úrban átmegyünk, ha hittel leküzdjük őket, a lelkünk virágozni fog. Isten áldásait megtapasztaljuk, és mennyei jutalmakként is elraktározzák őket nekünk a mennyben.

Mint a szmirnai gyülekezet esetében is, a hívőknek két fő típusú próbatétellel kell szembenézniük. Egyik azért van, mert hiszünk az Úrban, a másik meg azért, mert nem élünk Isten szava szerint.

Vannak, akik azt hiszik, hogy az Úr nevéért szenvednek, azonban valójában azért teszik, mert nem élnek az Úr szavának megfelelően. Vannak olyanok, akik üldözést vonnak magukra, mivel nem cselekszenek bölcsen. Azt hiszik, hogy az Úr miatt üldözik őket. Aztán meg, nem próbálják meg megoldani a problémájukat.

A Jézus Krisztusba vetett hitért történő megpróbáltatások

Azok a próbák, amelyeket az Úr nevében viselünk el, az igazság miatt történnek. Isten a szenvedést áldásokkal fogja visszafizetni. Például lehet, hogy a hitetlen családtagjaink, vagy mások fognak üldözni bennünket. Lehet, hogy az iskolában vagy a munkahelyen fogunk üldözésektől szenvedni, a hitetlen kollegáink miatt.

Például a hétvégéinken szenvedhetünk ezektől, amikor a családtagjainkkal piknikezni vagy kirándulni szoktunk. Azonban, ahogy elkezdünk templomba járni, minden vasárnapunkat a templomban töltjük, rendszeresen. Ennek eredményeképpen lehet, hogy a családtagjaink megsértődnek, vagy csalódnak bennünk, ezért elkezdenek üldözni bennünket. Ebben a helyzetben, ha még jobban kimutatjuk a szeretetünket irántuk, és szolgáljuk őket, végül Isten megmozdítja a szívüket, és elfogadják az evangéliumot. Természetesen, az üldözések megszűnnek.

Másrészt, még ha az után is ilyen üldözéseket tapasztalunk meg, miután számos éven át éltünk keresztényként, meg kell vizsgálnunk: nem azzal okozzuk-e ezeket, mert nem vagyunk elég bölcsek.

Lehet, hogy tele vagyunk a Szentlélekkel, azonban néha nem ellenőrizzük magunkat, és bután beszélünk, vagy olyant cselekszünk, ami nem bölcs, és ez a családtagjaink részéről olyan reakciót vált ki, amellyel kifejezhetik a nemtetszésüket. Ha csak kicsit is bölcsebbek vagyunk, elkerülhetjük azt, hogy a családtagjaink üldözzenek.

Még ha el is tűnik ez a fajta üldözés az életünkből, lehet, hogy lesz egy másik, amelyet Isten emberei megtapasztalnak. Mózes, Éliás, Jeremiás, valamint más próféták, és az apostolok, mint Pál, Péter, valamint János, nagyon szerették Istent, és Isten nagyon szerette őket. Azonban az Úr, Isten királysága, és más lelkek miatt, mindannyiukat üldözték. Szándékosan, akarva tűrték el mindezt.

Máté 5:11-12 ezt tartalmazza: "Boldogok vagytok, ha szidalmaznak és háborgatnak titeket és minden gonosz hazugságot mondanak ellenetek én érettem. Örüljetek és örvendezzetek, mert a ti jutalmatok bőséges a mennyekben: mert így háborgatták a prófétákat is, a kik előttetek voltak." Mivel a mennyei jutalmakban bíztak, semmilyen nehézséget nem éreztek, és nem voltak bátortalanok, valamint nem szégyenkeztek. Inkább örvendeztek.

Olyan próbatételek, amelyeket a Sátán vádja hoz ránk, amely szerint nem éltünk az igazságnak megfelelően

Lehet, hogy attól szenvedünk, hogy különböző megpróbáltatásaink lesznek azért, mert nem élünk az igazságban, és Isten szavában. Ezért a Sátán megvádol bennünket.

Amikor elfogadjuk Jézus Krisztust, mint Megmentőnket, és Isten gyermekévé válunk, a mennyei királyság állampolgárává válunk (Filippiek 3:20). Ettől a pillanattól kezdve, tisztelnünk kell a mennyei királyság törvényét, mint odavalósi állampolgárnak. Csak ekkor leszünk védettek, és kapunk bőséges áldásokat.

Ezzel ellenkezőleg, ha megszegjük Isten törvényét, az ellenséges ördög meg fog vádolni bennünket. Az ördög nézőpontjából valamikor az ő gyermekei voltunk. Azonban, mivel elfogadtuk az Urat, és az Ő gyermekeivé váltunk, mindent megpróbál annak érdekében, hogy bennünket visszaszerezzen. Bármi van vele, megpróbál megvádolni bennünket, és próbákat és nehézségeket okoz nekünk.

Azok között, akik emiatt szenvednek, lesz olyan, aki hibásan azt fogja gondolni, hogy Isten az oka a nehézségeiknek.

Jákob 1:13 ezt tartalmazza: "Senki se mondja, mikor kísértetik: Az Istentől kísértetem: mert az Isten gonoszsággal nem kísérthető, ő maga pedig senkit sem kísért." Isten nem ad nekünk próbákat vagy nehézségeket.

Az ok, amiért még mindig próbáktól és gondoktól szenvedünk az, hogy a saját vágyaink kísértenek meg (Jakab 1:14), megszegjük Isten törvényét, és bűnöket követünk el. Ezen a világon, ha megszegjük a törvényeket, megbüntetnek bennünket. Hasonlóképpen, ha megszegjük Isten törvényét, megtorlás lesz a válasz.

Mivel Isten igazságos, Ő nem védhet meg bennünket a Sátán vádjaitól, amikor bűnözünk, még akkor sem, ha az Ő gyermekei vagyunk. Végül is az ellenséges ördög hozza ránk a próbákat és gondokat, azonban Isten szeretete miatt is jönnek a próbák és vádak az életünkbe.

Jakab 1:15 ezt tartalmazza: "Azután a kívánság megfoganván, bűnt szűl; a bűn pedig teljességre jutván halált nemz." A rómaiakhoz írt levél 6:23 ezt tartalmazza: "Mert a bűn zsoldja halál; az Isten kegyelmi ajándéka pedig örök élet a mi Urunk Krisztus Jézusban." Ha Isten megengedi a gyerekeinek, hogy azt tegyék, amit akarnak, ahogy a halál útján járnak, mi fog történni velük?

Isten azt szeretné, ha a halál útjára tért gyermekei megtérnének innen, még büntetés árán is, ha ez a legjobb út. A Sátán vádjai által Isten megengedi, hogy megpróbáltatások és gondok érjék őket.

Erről a szeretetről, Isten szeretetéről ezt írja a Zsidókhoz írt levél 12:5-6: "És elfeledkeztetek-é az intésről, a mely néktek mint fiaknak szól: Fiam, ne vesd meg az Úrnak fenyítését, se meg ne lankadj, ha ő dorgál téged; Mert a kit szeret az Úr, megdorgálja, megostoroz pedig mindent, a kit fiává fogad.'"

Ezért, ha bármilyen szenvedésen megyünk át, először meg kell vizsgálnunk: mi az oka. Ha a saját hibánk okozta, gyorsan bűnbánatot kell tartanunk, és meg kell térnünk, hogy újra visszatérhessünk az Úr áldásaihoz.

A szegénység oka

Szmirna gyülekezete nem csak a megpróbáltatásoktól, hanem a szegénységtől is szenvedett. Ahogy az Úrhoz térünk, és hiszünk Istenben, vagyonbeli és egészségbeli áldásokat kaphatunk, míg a lelkünk virágzik. Azonban néha, még a hívők is szenvedhetnek a szegénységtől, mint Szmirna esetében.

Bár lehet, hogy keményebben dolgozunk, mint mielőtt

az Úrban hittünk volna, lehet, hogy még mindig üldöznek bennünket a munkahelyünkön, vagy lehet, hogy igazságtalanul bánnak velünk. Mivel nem tudjuk az Úr napját megtartani szentnek, mert a jelenlegi cégünknek dolgozunk, lehet, hogy ott kell hagynunk az állásunkat, vagy egy másik munkahelyre kell költöznünk. Ilyen okok miatt lehet, hogy pénzügyi nehézségeink lesznek. Azonban, mivel az Úrba vetett hit miatt van, nem lesz hosszú életű. Bár a másik személy folyamatosan üldöz bennünket, ha jósággal kezeljük őt mindig, ő is meg fogja adni magát. Végül az Úr túláradó áldásokkal köszöni mindezt meg nekünk.

Ezen kívül létezik az a szegénység, amelyet az egyén jószántából szenved el. Tegyük fel, hogy képesek vagyunk sok mindent élvezni. Azonban, mivel szeretjük Istent, nem magunkra költünk, hanem csak Isten királyságára. Szándékosan magunkra vesszük az önként vállalt szegénységet, hálával.

Hogyan engedi meg Isten, hogy egy ilyen ember ezek között a körülmények között maradjon? Isten nagyon sok jutalommal fog megfizetni nekünk a mennyországban. Még ezen a földön is, Ő virágzóvá változtatja a lelkünket, és egészséget ad nekünk. Valójában gazdagok vagyunk ily módon.

"De te gazdag vagy"

2 Korinthusiakhoz 8:9 ezt tartalmazza: "Mert ismeritek a mi Urunk Jézus Krisztusnak jótéteményét, hogy gazdag lévén, szegénnyé lett érettetek, hogy ti az őszegénysége által meggazdagodjatok." Jézus Isten Fia, és minden gazdagság az Övé. Ő azonban istállóban született, és jászolba helyezték el. Amíg ezen a földön élt, néha éhes volt Ő, míg máskor nem volt ahová lehajtania a fejét, ezért a vadonban aludt. Azért tette, hogy megváltson minket a szegénységből. Ezért, mi, akik hiszünk az Úrban, nem kellene hogy szegények legyünk, hanem Istennek dicsőséget kell adnunk, a gazdagságban, amely a miénk. Nem jelenti azt, hogy Isten minden gyermeke gazdag lesz, feltétel nélkül. Ahogy Mózes ötödik könyvének 28. fejezetében látjuk, hallgatnunk kell az Ő szavára, és be kell tartanunk az Ő parancsolatait, hogy gazdagok lehessünk.

Ha pedig szorgalmatosan hallgatsz az Úrnak, a te Istenednek szavára, és megtartod és teljesíted minden ő parancsolatát, a melyeket én parancsolok ma néked: akkor e földnek minden népénél feljebbvalóvá tesz téged az Úr, a te Istened; És reád szállanak mind ez áldások, és megteljesednek rajtad, ha hallgatsz az Úrnak, a te Istenednek szavára. Áldott leszesz a városban, és áldott leszesz a mezőben. Áldott [lesz] a te méhednek gyümölcse és a te földednek gyümölcse, és a te barmodnak gyümölcse, a te teheneidnek fajzása és a te juhaidnak ellése. Áldott [lesz] a te kosarad és a te sütő tekenőd. Áldott leszesz bejöttödben, és áldott leszesz kimentedben. (5 Mózes 28:1-6).

Ha valóban Isten szava szerint élünk, és a fényben cselekszünk, nem lehet megpróbáltatásunk és nehézségünk. Ha lesz is, nagyon hamar el fog múlni.

Mindenekfölött, az örök mennyei királyság készen áll Isten gyermekeinek fogadására, akik üdvözültek. Ahogy a lelkük virágzik, minden rendben fog menni velük ezen a földön. Ezért, bárkinél gazdagabbak vagyunk.

Azok, akik azt mondják: zsidók, de nem azok

Történelmileg nagyon sok zsidó letelepedett Szmirnában. Együttműködtek a római kormányzattal, és sok keresztényt megöltek.

Eredetileg a zsidók Isten kiválasztott népe. Azonban Jézus idejében a zsidók voltak azok, akik nem ismerték fel Jézust, mint Isten Fiát, és üldözték Őt.

A főpapok, valamint az írástudók, akik a vezetők voltak a zsidók között, féltékenyek voltak Rá, mert Ő képes volt Isten munkáit megnyilvánítani, és a mennyei királyság jó hírét terjesztette. Elítélték Jézust a tudásuk korlátai miatt. Végül keresztre feszítették Őt.

Még ma is léteznek az Istenhívő emberek között olyanok, akik megzavarják Isten munkáját. Bár járnak templomba, ha valami nincs egységben a véleményükkel és hitükkel, ítélkeznek. Féltékenyek lesznek másokra, és utálják őket.

"Azok, akik azt állítják, hogy zsidók, de valójában nem azok, a Sátán zsinagógáját képviselik," mondja az Úr azokról, akik nem zsidók. Azt jelenti, őket nem lehet Isten gyermekeinek nevezni.

Azt látjuk, hogy kívülről lehet, hogy jónak tűnnek, és hívőnek. Ha Isten nem ismeri el a hitüket és a jóságuk formáját, minden hasztalan. Még ha ki is tartanak amellett, hogy ők Isten gyermekei, ha a cselekedeteik és a szavaik nem Isten gyermekeinek a sajátjai, ezek csak olyan emberek lehetnek, akik azt állítják, hogy zsidók, de valójában nem is azok. A Végső Ítélet napján minden feltárul majd.

Valójában nem kell várnunk az Végső Ítélet napjáig. Meglátjuk őket, mert észrevesszük az életük gyümölcsét. Ha Isten emberei ők, a Szentlélek gyümölcseit kell hogy teremjék. Szeretniük kell az igazságot, egymást, mindenkivel békében kell élniük, és a jó cselekedetek és szavak gyümölcsét kell teremniük.

Ha a gyümölcs irigység, féltékenység, ítélkezés, gyűlölet és veszekedés, ez mindenképpen a Sátán munkája. Ha két vagy több embernél teszi meg a Sátán a munkáját, úgy hívjuk: "a Sátán zsinagógája."

A Sátán zsinagógái zavarják Isten Királyságát

Manapság, mivel a Sátán zsinagógája jelen van, számos gyülekezet nehézségektől szenved.

Az Efezusiak 1:23 azt tartalmazza, hogy a templom Krisztus teste. A templom, amelyet Ő megvett a testével, az Úr teste. 1 Korinthusiakhoz ezt tartalmazza: "Mely az Ő teste, teljessége Ő néki, a ki mindeneket betölt mindenekkel." A gyülekezet vezetői és tagjai mind az Úr testét képezik.

Ha minden testrész féltékeny lesz, és elkezd a másikkal veszekedni, mi történik akkor? Hasonlóan: a gyülekezeteknek is egyesülniük kell, mintha egyek lennének a szeretetben. Ha veszekedés van a testrészek között, a Szentlélek nem tud működni. A szeretet is lehűl a templomban. Az imák tüze kialszik. Végül az újjászületés leáll. Ennek az egyik legfőbb oka a Sátán zsinagógája.

A fontos dolog az, hogy a Sátán zsinagógái sokkal közelebb vannak hozzánk, mint gondolnánk. Például, ha valakit meghallunk, amint igaztalanságokat beszél, és vádol másokat, mi magunk meg egyetértünk vele, anélkül, hogy valóban elgondolkodnánk az ügyön.

Nem gonosz elmével értünk vele egyet, hanem csak egy kis együttérzéssel. Ez azt jelenti, hogy egy hamis pletykával egyet értettünk, és megengedtük, hogy elterjedjen.

Amíg el nem dobjuk magunktól a gonoszság összes formáját, nem leszünk a tudatában annak, hogy mennyire gonosz a szívünk. Annak megfelelően, hogy milyen fajta személlyel találkozunk, és hogy milyen helyzetbe kerülünk, a bennünk levő gonoszság bármikor előjöhet.

Vannak emberek, akik szóban kifejezik a panaszukat és az ellenérzéseiket, szokás szerűen. Még abban a pillanatban is, amelyikben a szívüket egyesíteniük kellene, ellenkeznek a szavaikkal állandóan, csak azért, mert mások véleménye nem tetszik nekik. Ők maguk nem jönnek rá, hogy mit tesznek. Ezek az emberek csendben megkeresik azokat, akik egyetértenek az ő ötleteikkel. Ha meggondolatlanul beszélünk ezekkel az emberekkel, és egyetértünk velük, akaratlanul is a Sátán zsinagógájának a részei leszünk. Nem kell egyetértenünk az igaztalan szavakkal, hanem meg kell engednünk nekik, hogy az igazság segítségével felébredjenek. Ha a fény megjön, a sötétség eltűnik. Ha csak a jó dolgokat látjuk meg, halljuk meg, és csak ezekről beszélünk, csak róluk gondolkodunk, a Sátán zsinagógája nem maradhat a gyülekezetben. Saját magától kell majd elmennie.

Szmirna gyülekezete szenvedni fog

Az Úr azt mondta Szmirna gyülekezetének, hogy szenvedni fognak, de ne aggódjanak. Azt mondta: "Semmit ne félj azoktól, a miket szenvedned kell: Ímé a Sátán egynéhányat ti közületek a tömlöczbe fog vetni, hogy megpróbáltassatok; és lesz tíz napig való nyomorúságtok. Légy hív mind halálig, és néked adom az életnek koronáját." (10. vers).

Amíg nem válunk szentelté, sokféle megpróbáltatás és teszt érhet bennünket, de nem kell hogy féljünk. Ezek mind spirituális és anyagi gazdagságot hoznak nekünk. Ez az útja annak, hogy elérjük az örök életet.

Nem kell félnünk azoktól az üldözésektől és próbáktól, amelyeket az Úr nevében kapunk. Örülnünk kell. Még ha az is az oka a próbáknak és szenvedéseknek, hogy még nem élünk az igazságban, még így is örülnünk kell, és hálásnak kell lennünk.

Jakab 1:2-4 ezt tartalmazza: "Teljes örömnek tartsátok, atyámfiai, mikor különféle kísértésekbe estek, Tudván, hogy a ti hiteteknek megpróbáltatása kitartást szerez. A kitartásban pedig tökéletes cselekedet legyen, hogy tökéletesek és épek legyetek minden fogyatkozás nélkül." Amint látjuk, a tesztek által tökéletessé válunk, és semmiben nem szenvedünk hiányt többé.

Az Úr azt mondja, hogy a szmirnai gyülekezet néhány tagja a börtönben fog szenvedni, és ez az ördög munkája lesz.

Sok hívő nem tesz elég különbséget a Sátán és az ördög között. Azonban a Biblia világosan rámutat a köztük levő különbségre.

A Sátán és az ördög szerepei

Egyszerűen szólva a Sátán Lucifer szíve, aki az összes gonosz szellem feje. Az ördög a Sátán alatti szellem, és mindkettőnek más szerepe van.

A Sátán az emberek elméjén keresztül dolgozik, és azt okozza, hogy gonoszságokat gondoljanak ki. A Sátán az igaztalan szívet ösztönzi. Ahogy egy ember gondolatai által a Sátán munkálkodhat, az ördög az, aki arra ösztönzi a személyt, hogy ezeket a gondolatokat cselekedetekben megnyilvánítsa.

Azaz, amikor a Sátán munkája által megnyilvánuló gondolat cselekedetben megnyilvánul, erre mondjuk azt, hogy "az ördög munkája."

Például tegyük fel, hogy valaki megvádol és kritizál bennünket. Ekkor a Sátán ránk hozza a neheztelés és gyűlölet gondolatait. Ilyeneket fogunk gondolni: "Nem bírom tovább. Még jobban megkritizálom, vagy megütöm őt!"

Ha csak gonosz gondolatról beszélünk, a Sátán munkájáról van szó, azonban ha ez a gondolat megnyilvánul cselekedetben is úgy, hogy elátkozzuk vagy megütjük a másik személyt, ez az ördög munkája.

Lukács 22:3 ezt tartalmazza: "Beméne pedig a Sátán Júdásba, ki Iskáriótesnek neveztetik, és a tizenkettőnek számából vala;" Azt jelenti, hogy a Sátán bevette a gondolatait. Ezt gondolta: "Elárulom Jézust pénzért" – a gondolat beszállt Iskarióti Júdásba.

János 13:2 ezt tartalmazza: "És vacsora közben, a mikor az ördög belesugalta már Iskáriótes Júdásnak, a Simon fiának szívébe, hogy árulja el őt, [Jézust]."

Ez nem azt jelenti, hogy az ördög a gondolatokon át működött, hanem azt, hogy az ördög már elfoglalta Júdás szívét teljesen. Mivel az ördög elfoglalta a szívét, végül Júdás elkövette Jézus eladásának gonosz cselekedetét.

Természetesen a Sátán nem tud az emberekbe csak úgy, a kénye-kedve szerint gonosz gondolatokat plántálni. Júdás esetében a gondolatát azért adta ki a Sátánnak, mert a szíve gonosz volt, és végül megtette a mestere eladásának gonosz cselekedetét.

1 János 3:8 ezt tartalmazza: "A ki a bűnt cselekszi az ördögből van." Itt a cselekedet azt jelenti, hogy valaki valamit gyakorol. Mivel Jézus tudta ezt, ezt mondta Ő: "Felele nékik Jézus: Nem én választottalak-é ki titeket, a tizenkettőt?" (János 6:70) Jézus azt mondta, hogy Iskarióti Júdás, aki el fogja majd árulni, és eladja Jézust, ördög volt.

Hasonlóképpen, az is az ördög műve, amikor bűnözünk, és azok, akik bűnöznek, az ördög gyermekeivé válnak.

Ezért, "Ímé a Sátán egynéhányat ti közületek a tömlöczbe fog vetni, hogy megpróbáltassatok" azt jelenti, hogy az ördög beveszi néhány gonosz ember elméjét, hogy gonosz cselekedeteket mutasson. A "tömlöc" az a hely, ahová azért megy valaki, hogy megfizessen a bűnéért. Ezért, ha van egy börtön, van törvény is, és ügyész is.

A megtorlás mértéke különböző, attól függően, hogy kinek mekkora a bűne, és milyen a hitének mértéke

Még ezen a világon is van törvény, és a bűnünk súlyossága alapján ítélkeznek fölöttünk. A spirituális birodalomban szintén – ha az igazságban élünk – Isten megvéd bennünket, de ha megszegjük az igazság szabályát, az ellenséges ördög és Sátán próbatételeket és gondokat hoz nekünk. Azt jelenti, hogy megfizetünk a bűneinkért.

Főleg akkor lesznek megtorlások, ha a hús bűneit követjük el, amelyek a cselekedetekkel elkövetett bűnök. "Ímé a Sátán egynéhányat ti közületek a tömlöczbe fog vetni, hogy megpróbáltassatok" - ezt jelenti.

A próbatételek és gondok különböznek, attól függően, hogy milyen súlyos a bűn, de a hit mértéke is nagyon fontos. Még ugyanazért a bűnért is, más lesz a büntetése a különböző embereknek, attól függően, hogy milyen a hitük.

Lukács 12:47-48 így szól: "És a mely szolga tudta az ő urának akaratát, és nem végezte el, sem annak akarata szerint nem cselekedett, sokkal büntettetik meg; A ki pedig nem tudta, és büntetésre méltó dolgokat cselekedett, kevesebbel büntettetik.

És valakinek sokat adtak, sokat követelnek tőle; és a kire sokat bíztak, többet kívánnak tőle."

"És valakinek sokat adtak" azokat jelenti, akiknek nagyobb hite van. Másrészt, azok, akik nem ismerik a gazdájuk akaratát, kishitű emberek. Isten többet fog kérni azoktól, akik jól ismerik az uruk akaratát, de nem cselekednek, mint azoktól, akik hite nagyobb, de nem követik Isten akaratát.

Jakab 3:1 ezt mondja: "Atyámfiai, ne legyetek sokan tanítók, tudván azt, hogy súlyosabb ítéletünk lészen." Ha a hitünk nagyobb, mint a másoké, és tanítókká váltunk, természetesen Isten szava szerint kell hogy éljünk.

Különben, lehet, hogy erőpróbáknak és teszteknek kell hogy megfeleljünk. A próbák mértéke különböző lesz, a hitünk mértékének megfelelően. Néhány esetben a próbatételeknek vége lesz, amint megbánjuk a bűnünket, és megtérünk. Más esetekben még miután megbánást tanúsítottunk, akkor is lesz megtorlás.

Dávid király esetében, aki Isten szíve szerinti ember, azt látjuk, hogy az egyik hűséges alattvalójának elvette a feleségét. Aztán a férjet a harc élvonalába rakta, hogy megöljék. Emiatt, még miután bűnbánatot tartott is, nagy nehézségekkel kellett szembenéznie. Azaz, el kellett futnia a fiától, Absalomtól. Nagy fájdalma volt ez. Mivel a hite nagy volt, a büntetés is ennek megfelelő volt.

A "tíz nap" ezeket a teszteket és próbákat jelenti. A tízes szám egész szám a tizedes számrendszerben. Azt jelenti: "minden féle." Ezért, a "tíz napos próba" mindenféle próbát jelképez, amelyen átmegyünk ezen a földön.

Hogyan jöjjünk ki a próbatételekből

A Biblia tartalmazza annak módját: hogyan legyünk áldottak, és leírja azt is, hogyan fogunk erőpróbáktól és tesztektől szenvedni.

Néhány hívő azt mondja, hogy van hite. Azonban még így is bűnözik, és nem tartja meg a szombatot, vagy nem adakozik, habár ezek alapvető dolgok a keresztény életben. Különböző próbáknak és kísértéseknek lesz kitéve. Természetesen, nem azt jelenti, hogy védettek leszünk mindentől, mert megtartottuk a szombatot, és mert adakoztunk.

Az új hívők esetén, akik most lettek keresztény hívők, amikor megtartják az Úr napját szentnek, és adakoznak, Isten hitként értékeli ezt, és megvédelmezi őket. Azok esetében, akiknek jelentős hitének kellene lenni, ez másképpen működik. Mivel a hitük megnő, tökéletesebb cselekedeteket kellene mutatniuk.

Ahogy a hitük növekszik, erőpróbák és finomítások lesznek annak érdekében, hogy a hitük mértéke megnőjön. Teljesebben kell állniuk az igazság alapján.

Nem szabad igaztalan szavakat kiejtenünk, mert ezek megengedik a Sátánnak, hogy megvádoljon bennünket. Meg kell próbálnunk mindenkivel békében és szentségben élni. Ahogy a hitünk növekszik, a Sátán még a legkisebb dolgokkal is meg fog bennünket vádolni, hogy megzavarjon bennünket.

Mindenekfölött az a legfontosabb, hogy meg kell bánnunk a bűneinket, és le kell bontanunk a bűnfalat köztünk és Isten között. Meg kell térnünk, és hűséggel kell dolgoznunk Isten királyságáért. Isten nem csak húsbeli hűséget, hanem spirituálisat is akar tőlünk.

Amikor Jézus azt mondta a szmirnai gyülekezetnek, hogy a halálig legyenek hűségesek, nem csak a fizikai élet feladásának a hűségéről van szó, hanem spirituális hűségről is. Akkor, mit jelent az, hogy a halálig hűségesek vagyunk?

A halálig tartó hűség a mártírság hite

Például, ha egy miniszter hűséges egy ország királyához, azt jelenti, hogy oda tudja adni az életét a királyért és az országért. Hasonlóképpen, hűségesnek lenni Isten királyságában azt jelenti, hogy képesek vagyunk akár az életünket odaadni. Azt jelenti, hogy a mártírság hitével keményen dolgozunk.

Nem szabad azt képzelnünk, hogy csupán a fizikai életünk

feladását jelenti ez. Ami még fontosabb, az a spirituális mártírság. A spirituális mártírság azt jelenti, hogy a gonoszság minden formája ellen küzdünk, ezeket eldobjuk magunktól, és nem kötünk kompromisszumot a világgal, annak érdekében, hogy szeressük Istent, és a Kedvére tegyünk.

Hasonlóan, ha harcolunk a bűneink ellen, és eldobjuk őket, nem lesz bennünk "egó." Csak az Isten szava, az igazság fog bennünk élni, és a Biblia mind a hatvanhat könyvébe írtakat be fogjuk tartani.

Ahogy Pál apostol vallotta az 1 Korinthusiak 15:31-ben: "Naponta meghalok," ha az "egónk" teljesen meghal, és a gonoszság minden formáját eldobjuk magunktól, képesek leszünk az összes feladatunkat hűségesen ellátni. Képesek leszünk könnyekkel és szeretettel a haldokló lelkekért sírni.

A spirituális hűség arról szól, hogy a szívünket szentesítjük, és a feladatainkat ellátjuk úgy, hogy a teljes szívünket adjuk közben.

Manapság úgy tűnik, nem vagyunk olyan helyzetben, amelyben megmutathatnánk a hitünket vagy a mártírságunkat, és azt gondolhatnánk, hogy nincs esélyünk arra, hogy leellenőrizzük: van-e mártír hitünk. Ez azért van, mert nem terjesztjük az evangéliumot egy kommunista országban, vagy egy nagyon erősen Iszlám-dominált országban.

De nem így van. Isten megengedi nekünk, hogy ellenőrizzük: megvan-e a mártír hit bennünk azzal, hogy átmehetünk olyan helyzeteken, amelyek hasonlóak a mártírok helyzetéhez. Természetesen, ha a hitünk nem képes ezt a fajta tesztet sikeresen venni, nem is fogunk ilyen teszt közelébe kerülni.

Jakab 1:12 ezt tartalmazza: "Boldog ember az, a ki a kísértésben kitart; mert minekutána megpróbáltatott, elveszi az életnek koronáját, a mit az Úr ígért az őt szeretőknek."

Azaz, az élet koronáját nem fogja mindenki megkapni, hanem csak azok, akik a próbatételekben helyt álltak, és Isten elismerte őket.

Nem arról van szó, hogy egyetlen teszt sikeres vételével Isten már elismer bennünket. Csak azok, akik teljesen szentté válnak, állnak a hit kősziklán, és van szilárd, állhatatos hitük. Ezek azok az emberek, akik nem reszketnek a határozatlanságtól, semmilyen helyzetben.

Az élet koronája jár azoknak, akik a halálukig hűségesek

Az élet koronája akkor jár, ha legyőzzük a próbatételeket és megnyerjük a harcokat, és a halálunkig hűségesek vagyunk. Azoknak jár, akik a harmadik mennyei királyságba mennek, amely a mennyei királyság különböző lakóhelyeinek egyike.

Ahhoz, hogy ezt megértsük, röviden meg kell néznünk, hogy milyen lakóhelyek járnak a különböző hitű embereknek.

Tegyük fel, hogy van egy személy, akinek a hite éppen csak elegendő ahhoz, hogy üdvözüljön, és van egy másik is, aki a haláláig hűséges volt. Mi van akkor, ha ezt a két személyt ugyanúgy tekintik a mennyei királyságban? Nem lenne igazságos. Ezért Isten különböző lakóhelyeket és jutalmakat ad nekünk, attól függően, hogy milyen mértékben éltünk Isten szava szerint a földön.

Azok, akik éppen csak üdvözülnek, a Paradicsomba mennek, és nem kapnak koronát. Volt annyi hitük, hogy üdvözüljenek, de nem halmoztak fel mennyei jutalmakat ezen a földön.

Azok következnek, akik a Mennyország Első Királyságába mennek, és akik az Örök Koronát kapják, amelyről az 1 Korinthusiakhoz 9:25 szól. Megvolt a hitük, és megpróbáltak Isten szava szerint élni, és megpróbálták távol tartani magukat a világi mulandó és húsbeli dolgoktól. Ezért ők egy Örök Koronát kapnak.

Azok, akik a Mennyország Második Királyságába jutnak, a Dicsőség Koronáját fogják megkapni (1 Péter 5:4). Mivel az életüket arra szánták, hogy Istennek dicsőséget adtak, megkapják a Dicsőség Koronáját.

Következik a Mennyország Harmadik Királysága, amely azoknak jár, akik teljesen megszabadultak a gonoszságtól, és megvolt a hitük, hogy Istent mindennél jobban szeressék. Ezeknek az embereknek az Élet Koronája jár, amelyet Szmirna gyülekezetének is megígértek, feltételesen.

Végül azok, akik nem szentesültek teljesen, de Isten minden házában hűségesek voltak, megkapják az Aranykoronát (Jelenések 4:4), és az Igazságosság Koronáját (2 Timóteus 4:8).

Ezeken kívül más koronák is vannak a mennyországban, mindenkinek a cselekedetei szerint.

A Rómaiakhoz írt levél 8:35 ezt tartalmazza: "Kicsoda szakaszt el minket a Krisztus szerelmétől? nyomorúság vagy szorongattatás, vagy üldözés, vagy éhség, vagy meztelenség, vagy veszedelem, vagy fegyver-é?" Ha szenvedélyes és égő szeretettel bírunk az Úr, Pál apostol iránt, akkor a halál pillanatáig hűségesek lehetünk a gyülekezethez és a templomhoz, amely az Úr teste.

Továbbá, még mélyebb lelki szintekre megyünk, hogy szeretetet kapjunk Istentől, és nagyban dicsőítsük Őt.

AZ ÚR ÍGÉRETE A SZMIRNAI GYÜLEKEZETNEK

A kinek van füle, hallja, mit mond a Lélek a gyülekezeteknek. A ki győz, annak nem árt a második halál. (Jelenések 2:11).

A szmirnai gyülekezet hívői szenvedtek az Úr nevében, de az Úr nem vigasztalta meg őket, mondván: "Tudok a szenvedésetekről. Tűrjetek még egy kicsit." Inkább azt tanácsolta nekik, hogy még hűségesebbek legyenek, akár a halálig. Ezt azért mondta, hogy nagyobb áldásokat és több jutalmat adhasson nekik. Az összes szenvedés és próbatétel, amin a szmirnai gyülekezet átment, áldás és jutalom lesz majdan a számukra.

Csak azzal, hogy legyőzzük a gondokat, nem ajánlhatnak be bennünket Istennek. Akkor fog dícsérni bennünket Ő, ha többet teszünk, mint amennyit föltétlenül kell.

Bizonyos értelemben természetes, ha Isten egy gyermeke próbáktól és gondoktól szenved az Úr nevéért. Ahelyett, hogy megvigasztalná őket, az Úr azt mondta nekik, hogy a halál pillanatáig legyenek hűségesek, hogy még több áldást és jutalmat kaphassanak. Ez Isten szeretetének kifejeződése.

Figyelemmel kell lennünk Isten szavára

Bár Isten megadja az ígéret szavát, nem jó, ha nem figyelünk arra kellőképpen. Ahogy mondja: "Az én juhaim hallják az én szómat, és én ismerem őket, és követnek engem:" (János 10:27), Isten gyermekei, akiket megszállt a Szentlélek, meg kell hogy hallgassák, mit mond nekik a Szentlélek. Ezért mondta ezt az Úr Szmirna gyülekezetének: "A kinek van füle, hallja, mit mond a Lélek a gyülekezeteknek." (11. vers).

Nem csak a fizikai fülünkkel tudjuk meghallani a hangokat. Spirituális fülünknek is lenni kell, hogy az igazságot meg tudjuk különböztetni. Ezzel a fülünkkel kell hogy meghalljuk a Szentlelket, aki elvezet az igazsághoz bennünket, és megismerteti velünk Isten szívét és akaratát. Csak ekkor leszünk képesek felfogni Isten szavának spirituális jelentését, amelyet terjesztenek evangéliumként.

Ez a fajta spirituális fül érzékenyebb lesz, ahogy a gonoszságot kidobjuk a szívünkből. Ezzel ellentétben, minél több gonoszság van a szívünkben, annál kevésbé lesznek érzékenyek a spirituális füleink. Nem fogjuk megérteni Isten szavát, amikor halljuk, és nem vezethet bennünket a Szentlélek.

Lehet, hogy van még gonoszság a szívünkben, és nem halljuk a Szentlélek hangját eléggé. Ebben az esetben is, ha csak "ámennel" és "igennel" követjük Isten szavát, hamarosan elérjük azt a szintet, ahol a Szentlélek hangját nagyon világosan meghalljuk. Meglesz a képességünk, hogy különbséget tegyünk a dolgok között Isten szavának megfelelően, hogy minden erőpróbát, tesztet, gondot vagy kísértést le tudjunk küzdeni.

"Ő, aki győz" azokra vonatkozik, akik harcolnak a bűnök ellen, eldobják őket, meg a gonoszságukat, Isten szavával, mint fent láttuk. Az Úr azt mondja, ez a fajta személy nem szenved a második haláltól. Mi a második halál, és mit jelent az, hogy a második halál megsért bennünket?

Ne sértsen a második halál

Amikor Istenünk elhívja a lelkünket, a testünk hamarosan egy hideg holttestté változik. Kis idő múlva egy marék por lesz belőle. Amikor a fizikai életünknek ily módon vége van, ez az első halál.

A második halál az, amikor a lelkünk, az ember ura, a pokol örök tüzére kerül.

A Jelenések könyvében láthatjuk, hogy a nevek, amelyek benne vannak az élet könyvében kitörölhetőek, és ezek az emberek a tűztóba kerülnek.

És látám a halottakat, nagyokat és kicsinyeket, állani az Isten előtt; és könyvek nyittatának meg, majd egy más könyv nyitaték meg, a mely az életnek [könyve;] és megítéltetének a halottak azokból, a mik a könyvekbe voltak írva, az ő cselekedeteik szerint. És a tenger kiadá a halottakat, a kik ő benne voltak; és a halál és a pokol is kiadá a halottakat, a kik ő nálok voltak; és megítéltetének mindnyájan az ő cselekedeteik szerint. A pokol pedig és a halál vettetének a tűznek tavába. Ez a második halál, a tűznek tava. És ha valaki nem találtatott beírva az élet könyvében, a tűznek tavába vetteték. (Jelenések 20:12-15).

Akik bűnben és hamisságban élnek, azaz azok, akik nem élnek Isten szavának megfelelően, és nem győzedelmeskednek, szenvedni fognak a második haláltól, valamint a pokol örök tüzétől.

Azonban azok, akik Isten szava szerint élnek, azaz azok, akiket a próbatételek és megkísértések nem ráztak meg, hanem legyőzik őket, nem szenvednek majd a másodok haláltól, mert az örök életbe jutnak.

Az Úr azért küldte ezt az üzenetet Szmirna gyülekezete számára, mert nem csak az Észak-Koreába menők számára, hanem mindenki számára, aki a Szavát olvassa, azt kívánja, hogy küzdje le a megpróbáltatásokat, legyen hűséges a halál pillanatáig, és kapja meg az Élet Koronáját.

Továbbá, az Úr azt akarja, hogy nyilvánítsuk ki a hitünket azoknak, akik nem ismerik az igazságot, és a halál útján járnak. Bátran el kell mondanunk nekik, hogy nem kell félniük a próbatételektől, hanem csak követniük kell az igazságot, és így üdvözülnek majd.

Ez a feladatunk, mindannyiunknak. Bármely magánszemély vagy gyülekezet, amely ezt a feladatot teljesíti, Isten áldásaiban részesül, valamint az örök mennyei jutalmakban is.

Egy dolgot nem szabad elfelejtenünk itt. 1 Timóteus 5:22-ben ez áll: "A kézrátevést el ne hirtelenkedd, se ne légy részes a más bűneiben; tenmagadat tisztán tartsd." Nem szabad lustának lennünk önmagunk megtisztításában és szentesítésében.

"Maga pedig a békességnek Istene szenteljen meg titeket mindenestől; és a ti egész valótok, mind lelketek, mind testetek feddhetetlenül őriztessék meg a mi Urunk Jézus Krisztus eljövetelére." (1 Tesszalonika 5:23). Amint láttuk, meg kell valósítanunk a szentesülést, nem szabad foltosnak vagy hibásnak lennünk, hogy bemehessünk Új Jeruzsálembe.

HARMADIK FEJEZET

PERGAMON EGYHÁZA
- Langyos, és eretnek elmélettől foltos

Pergamon egyházát azért dícsérték, mert még az üldözések és nehézségek között is megőrizte a hitét. De komoly szidást kaptak azért, mert a nikolaiták tanítását követték.

Az üzenet azoknak a mai egyházaknak és gyülekezeteknek is szól, amelyek langyosak és kompromisszumot kötnek a világgal, valamint eretnek tanításokat követnek.

Jelenések 2:12-17:

A Pergámumbeli gyülekezet angyalának írd meg: Ezt mondja az, a kinél a kétélű éles kard van: Tudom a te dolgaidat, és hogy hol lakol, a hol a Sátán királyiszéke van; és az én nevemet megtartod, és az én hitemet nem tagadtad meg Antipásnak, az én hű bizonyságomnak napjaiban sem, a ki megöleték nálatok, a hol a Sátán lakik. De van valami kevés [panasz]om ellened, mert vannak ott nálad, a kik a Bálám tanítását tartják, a ki Bálákot tanította, hogy vessen botránykövet az Izráel fiai elé, hogy egyenek a bálványáldozatokból, és paráználkodjanak. Így vannak nálad is, a kik a Nikolaiták tanítását tartják, a mit gyűlölök. Térj meg: ha pedig nem, ellened megyek hamar, és vívok azok ellen számnak kardjával. A kinek van füle hallja, mit mond a Lélek a gyülekezeteknek. A győzedelmesnek enni adok az elrejtett mannából, és adok annak fehér kövecskét, és a kövecskén új írott nevet, a melyet senki nem tud, csak az, a ki kapja.

Az Úr levele a pergamoni gyülekezethez

A Pergámenbeli gyülekezet angyalának írd meg: Ezt mondja az, a kinél a kétélű éles kard van: (Jelenések 2:12).

Pergamon körülbelül Lysimachos idejében jelent meg a történelemben, aki Nagy Sándor egyik tábornoka volt. Látta, hogy egy természeti erődítmény, amit folytatni kell. Azóta ez a hellenisztikus kultúra egyik fellegvára. A kulturális rangsorolása az alexandriaihoz fogható, amely a történelem egyik legjelentősebb városa. Pergamon több különböző vallás helyszíne volt. A bálványimádás elterjedt volt, annyira, hogy Aszklépiusz oltára olyan volt, mint egy kórház.

Mivel virágzott, mint a Római Birodalom egyik állama, sok szentélyt építettek, amelyekben a római császárt lehetett bálványozni. Azokat a keresztényeket, akik nem ezt tették, elkezdték üldözni.

A pergamoni gyülekezetet nagy üldözések között alapították meg. Eleinte megtartották a hitüket, azonban ahogy a római császár elfogadta a kereszténységet az állam vallásaként, világiak lettek. Ezért kaptak szidást és dícséretet is az Úrtól.

Az Úrnál van az éles kétélű kard

A pergamoni gyülekezethez írt levél így kezdődik: "A Pergámenbeli gyülekezet angyalának írd meg: Ezt mondja az, a kinél a kétélű éles kard van:" (12. vers). Először azt említi meg, hogy ki küldi a levelet, kinek.

A gyülekezet angyala a lelkészre vonatkozik. A kétélű kard Isten szavát jelképezi. A zsidókhoz írt levél 4:12 ezt tartalmazza: "Mert az Istennek beszéde élő és ható, és élesebb minden kétélű fegyvernél, és elhat a szívnek és léleknek, az ízeknek és a velőknek megoszlásáig, és megítéli a gondolatokat és a szívnek indulatait."

Az, aki bír Isten szavával, mely olyan, mint a kétélű fegyver, az Jézus Krisztus. János 1:14 ezt tartalmazza: "És az Íge testté lett és lakozék mi közöttünk (és láttuk az ő dicsőségét, mint az Atya egyszülöttjének dicsőségét), a ki teljes vala kegyelemmel és igazsággal." Jézus Isten és a Szó Fia, aki hús-valójában eljött a földre.

Ahogy János 1:1 második felében látjuk: "A Szó volt Isten," Jézus ugyanaz, mint Isten, aki Maga a Szó. Jézus, Isten Fia, aki hús-vér emberként eljött a földre, Isten Maga az eredetét tekintve. Ő a Mestere mindennek a földön és a mennyben. Ő a Királyok Királya és az Urak Ura.

Hogyan működik rajtunk Isten szava, amely olyan, mint a kétélű fegyver?

Hogyan működik rajtunk Isten Szava

Egyetlen másik könyvnek a világon nincs élete, vagy hatalma, hogy dolgozzon. Csak Isten szava, ami élő. Csak Isten Szava él, és amikor elhisszük, és neki megfelelően élünk, akkor azt tesszük, ami írva van. Megmutatja az élet munkáját, a halott lelkek felélesztésének munkáját.

A 37:4 Zsoltár ezt tartalmazza: "Gyönyörködjél az Úrban, és megadja néked szíved kéréseit." Ahhoz, hogy Istenben gyönyörködni tudjunk, először el kell varázsolnunk Istent. Ekkor leszünk képesek választ kapni (Példabeszédek 11:20; 12:22; 15:8; Zsidók 11:6). Ha hiszünk a szóban és gyakoroljuk azt, megkapjuk a választ. Ezáltal biztosan megértjük, hogy Isten szava élő.

Isten szava olyan, mint egy éles kard, behatol mélyre, szétválasztja a szellemet a lélektől, az ízületeket a velőtől. A lélek, mint egész, a memória egységre vonatkozik az emberi agyban, a benne elraktározott ismeret és a tudás, amellyel ezt alkalmazzuk, mind a lélek része. A lélek valami olyan, ami soha nem változik meg vagy romlik meg, hanem örök. A lélek az élet és az igazság maga.

Az emberek lélekből, szellemből és testből állnak. Eredetileg a szellem uralkodott a lélek és a test fölött. Azonban Ádám bűne miatt a szellem, az ember mestere meghalt, és teljesen a lélek részévé vált.

Bárki, aki elfogadja Jézus Krisztust az ő személyes Megmentőjeként, megkapja a Szentlélek ajándékát, és a halott lelke felébred. Annak megfelelően, amilyen mértékben eldobja magától a hamisságot, azaz a tudást, Isten szava által a lelke felnő, és a szelleme teljesen megszabadul.

Az „ízületek" azokra a keretekre vonatkoznak, amelyeket az önmagunkba vetett hit ad

Hasonlóan, Isten szava leveri a lelki hamisságot, és energiát ad a léleknek, hogy még aktívabb legyen. El fogja választani az ízületeket a velőtől. Itt az "ízület" nem a csontok ízületeire vonatkozik a fizikai értelemben. Azt a spirituális keretet jelenti, amelyet valaki létrehozott.

A keret azokat a dolgokat jelenti, amelyeket valaki lát, hall, és megtanul. Valójában nagyon sok hamis dogot tartalmaz. A keretet akkor alakítjuk ki, amikor az "önmagunk igazába vetett hit" mmegszilárdul. Az "önmagunk igazába vetett hit" azt jelenti, hogy miben hiszünk.

Néhány ember esetében a személyiség az, ami ezzé a keretté válik. Másoknál a tudás, tanultság, ízlések, szokások, vagy más viselkedési minták azok, amelyek a keretet biztosítani fogják. Ha létrehoztuk ezeket a kereteket, lehet, hogy konfliktusba kerülünk másokkal, amikor a véleményük különbözik a miénktől. Lehet, hogy nehézségeket okozunk másoknak, és elítéljük őket anélkül, hogy megértenénk őket.

Ezt a mindennapi életben különböző képpen lehet bemutatni. Például ha valaki olyanról beszélünk, akinek saját magának, egyedül kellett kinyitnia az utat magának, és nem volt, akivel megossza a szíve gondjait, akkor lehet, hogy nehézsége lesz a másokkal történő kapcsolatteremtésben. Az introvertált jelleme a keretévé válik, és nem tud másokhoz közelíteni majd.

Ebben az esetben, ha a körülötte levő embereknek felszabadult természete van, lehet, hogy félreértik őt. Lehet, hogy ezt gondolják: "Önző és arrogáns."

Még ha nagyon erősek is a keretei egy személynek, nem kell hogy megmutassa ezt kifele, a külvilágnak. Azt jelenti, hogy nem tart ki a saját igazsága mellett, és nincs sok konfliktusa másokkal. Azonban ez a fajta ember nem fogad el tanácsokat másoktól, és így nagyon nehéz számára, hogy megváltozzon.

Csak Isten szava képes bizonyos kereteket megtörni. Ha azonban a személy saját kerete nagyon erős, és nem nyitja ki a szívét, Isten szavát nem lehet ráerőltetni.

Csak amikor egy személy kinyitja a szívét, csak ekkor hatolhat bele Isten szava, és csak ettől változhat meg a szíve. Ez azért van, mert Isten az igazság szerint dolgozik.

Ha elismerjük a tényt, hogy létezik egy személyes keret, és a szívünket kinyitjuk alázatosan, és megvan a megfelelő hozzáállásunk ahhoz, hogy Istent befogadjuk, akkor Isten az Ő szavával még a nagyon kemény kereteket is be tudja törni.

A "velő" az emberek szívében mélyen gyökerező gonoszságot jelképezi

A velő egy lágyrész, vérerekkel átszőtt kötőszövet, amely a legtöbb csont üregét kitölti. Spirituális értelemben a bűnt és gonoszságot jelképezi, amely mélyen bennünk gyökerezik. Ahogy a csontvelő mélyen a csontokban van, a gonoszság formái is mélyen vannak az ember szívében.

Könnyen megtalálhatjuk a gonoszság formáját, amely kívülről látszik. Azonban általában nem vagyunk tudatában annan a gonoszságnak, amely mélyen a szívünkben van. Lehet, hogy azt hisszük, bennünk nincs irigység és féltékenység, de egy extrém helyzetben azt láthatjuk, hogy a mélyen ülő gonoszságunk egyszerre előjön.

Ez volt a helyzet Jóbbal az Ótestamentumban. Jób nem gondolta azt, hogy gonosz volt. Amennyire ő tudta, tökéletesen cselekedett, a szíve szerint. Azonban biztos, hogy volt benne mélyen rejlő gonoszság. Ezért, amikor a Sátán megvádolta őt, Isten megengedte, hogy a megpróbáltatásai megtörténjenek, hogy rájöjjön a benne rejlő gonoszságra.

Nagyon sokat szenvedett, mert elvesztette a családját és a vagyonát is. A testét borító sebek miatt is sok keserűség volt benne. A gonoszsága, amelyről nem is tudott, elkezdett a felszínre törni.

Ebben az időben történt, hogy Isten elmagyarázta neki, hogy gonoszság van benne. Alapos megbánást tanúsított, és megszabadult tőle. Ezzel a lelkiség egy mélyebb szintjére jutott. Kétszer olyan gazdag lett, mint korábban.

A saját igazunkba és keretünkbe vetett hit, csakúgy, mint az ízületek és a velő, a test részei mind. Csak Isten szavának kardjával lehet ezeket eltávolítani. Csak amikor legyőzzük a saját igazságunkba vetett hitünket és kereteinket, lehetünk Isten igaz gyermekei.

De nem képes bármelyik prédikáló behatolni elég mélyen ahhoz, hogy az ízületeket és a velőt szétválassza. Spirituális üzenetnek kell lennie annak, amely erre képes. Sőt, a beszélőnek meg kell hogy legyen a tekintélye a saját szavai fölött.

Az Úr szava, amely olyan tekintéllyel bír a világ fölött, mint egy kétélű kard, amely a pergamoni gyülekezethez szól, a mai összes gyülekezethez is szól.

Mai helyzetek, amelyek olyanok, mint a pergamoni gyülekezeté

A pergamoni gyülekezethez címzett üzenet azokhoz a gyülekezetekhez szól, amelyek langyosak, valamint azokhoz, amelyek eretnek elméleteknek hisznek. Azokhoz, akik Istenhez szólnak, de tagadják Jézus Krisztust, valamint azokhoz is, akik ravasz módon megváltoztatják Isten szavát.

Nem csak magukat csapják be, hanem másokat is

belevezetnek a félrevezető elméleteikbe. Az Úr még ezeket az embereket sem hagyja el. A félreértéseikre is fényt áraszt, amelyek az Úr szavára vonatkoznak, mely olyan, mint a kétélű kard. Az Úr a szavát adta nekik, hogy megbánják a bűneiket, és térjenek meg, hogy üdvözülhessenek.

Az Ítélet napján lehet, hogy valaki kifogást keres, azt mondva, hogy ő nem tudott semmit. Azonban, amikor a cselekedeteket és a szavakat az Isten szava szemszögéből nézik, a hamisságaik világosan látszani fognak majd.

Bár kívülről templomnak néznek ki, és látszólag Isten szavát hirdetik, az eretnekségek a Sátán munkái. Kissé megváltoztatják Isten szavának a jelentését.

Nem az emberi mércével, hanem csakis Isten szavával kell megítélnünk az eretnekséget. Azonban a valóság az, hogy egyre több templom és gyülekezet ítéli el egymást, mint eretneket, csak azért, mert az elméleteik és doktrínáik kissé különböznek egymástól.

Az eretnekség mértéke a Bibliában

2 Péter 2:1 ezt tartalmazza: "Valának pedig hamis próféták is a nép között, a miképen ti köztetek is lesznek hamis tanítók, a

kik veszedelmes eretnekségeket fognak becsempészni, és az Urat, a ki megváltotta őket, megtagadván, önmagokra hirtelen való veszedelmet hoznak."

A legvilágosabb irányadó mérce arra nézve, hogy mi az eretnekség az, hogy elfogadják-e az urat, aki megvette őket. Azaz, ha valaki nem hiszi el, hogy Jézus krisztus a Megmentő, eretneknek lehet hívni őt. Jézus Krisztus megszabadított bennünket a bűneinktől, a Vére által, így Isten minden gyermekét megvásárolta az Úr az Ő vérével.

Ezért, mielőtt Jézust keresztre feszítették, és beteljesítette a feladatát mint Krisztus a feltámadással, nem létezett az a kifejezés, hogy "eretnekség." Jézus ezt jelenti: "Ő, aki megmenti az embereket a bűneiktől" (Máté 1:21), és "Krisztus" a "Messiást" jelenti görögül, amely a "felkentet" jelenti.

Csak miután Jézus beteljesítette a feladatát, mint Krisztus, a feltámadás után, mondhatjuk azt, hogy valaki eretnek, ha megtagadja Jézus Krisztust, az Urat, aki megvásárolta őt. Ezért az "eretnek" szó nem jelenik meg az Ótestamentumban vagy a négy énekben (Négy ima).

Ahogy közeledünk a véghez, egyre több eretnekség történik. Egyre több ember viselkedik úgy, mintha ő lenne a megmentő. Becsapják az embereket, és azt tanítják nekik, hogy általuk kell megmenekülnünk.

Miután eltelik egy kis idő, feltárják a kilétüket. Nagyon odavannak a bujaságért, az igazság útját zavarják, és pénzt szednek a követőiktől. Sok törvénytelen dolgot elkövetnek. Természetesen nem szabad másokat elítélnünk, mint eretnekeket, csak a törvénytelenségek kapcsán, ha nem tagadják meg az Urat.

Lehet, hogy szükség lesz tanácsot adnunk nekik, és megszidnunk őket, hogy meg tudják bánni a bűneiket, de nem mondhatjuk rájuk, hogy eretnekek csak a törvénytelenségek miatt, hacsak nem tagadják meg a Jézus Krisztust.

Világosan láthatjuk ezt Gamaliel szava által, aki tanár volt, aki azokhoz szólt, akik elítélték azokat, akik hittek Jézus Krisztusban.

És monda azoknak: Izráel férfiai, vigyázzatok magatokra ez emberekkel szemben, mit akartok cselekedni! Mert ez időnek előtte felkelt Theudás, azt mondván, hogy ő valaki, kihez mintegy négyszáz embernyi tömeg csatlakozott; ő megöletett, és mindnyájan, a kik csak követték őt, eloszlottak és semmivé lettek. Ezután felkelt ama Galileus Júdás az összeírás idején, és sok népet maga után csábított: ez is elveszett; és mindazok, a kik őt követték, szétszórattak. Mostanra nézve is mondom néktek, álljatok el ez emberektől, és hagyjatok békét nékik: mert ha emberektől van e tanács, vagy e dolog, semmivé lesz; Ha pedig Istentől van, ti fel nem bonthatjátok azt; nehogy esetleg Isten ellen harczolóknak is találtassatok. (Apostolok 5:35-39).

Hamis próféták, hamis tanárok, és az Antikrisztus

Fals próféták és tanárok, akik titokban bevezetik a pusztító eretnekséget, még a Mestert is megtagadva, aki megvette őket, szerepelnek 2 Péter 2:1-ben. Itt a "hamis" nem csak azt jelenti, hogy valaki hazudik, hogy másokat becsapjon, hanem Jézus Krisztus megtagadása is, aki az igazság Maga.

1 János 2:22 ezt tartalmazza: "Ki a hazug, ha nem az, a ki tagadja hogy a Jézus a Krisztus? Ez az antikrisztus, a ki tagadja az Atyát és a Fiút." Amint látjuk, a hazug az, aki megtagadja Jézus Krisztust, és az antikrisztus az, aki megtagadja az Atyát és a Fiút.

Ezért, 1 János 4:1-3 ezt tartalmazza: "Szeretteim, ne higyjetek minden léleknek, hanem próbáljátok meg a lelkeket, ha Istentől vannak-é; mert sok hamis próféta jött ki a világba. Erről ismerjétek meg az Isten Lelkét: valamely lélek Jézust testben megjelent Krisztusnak vallja, az Istentől van;"

Antikrisztusnak azok minősülnek, akik Jézus Krisztus ellen vannak, Isten szavával. Tagadják a Jézus Krisztus általi üdvösséget. Ha valaki megtagadja Jézus Krisztust, az ugyanaz, mintha Isten ellen állna.

Ha azt akarjuk, hogy ne csapjanak be, képesnek kell lennünk az eretnekséget felismerni, és a hamis prófétákat, tanítókat is, valamint az Antikrisztust a Biblia szerint. Képesnek kell lennünk mások megértését szolgálni Isten kétélű kardjával. Azonban ez nem jelenti azt, hogy vitatkoznunk kell velük.

Titus 3:10 ezt tartalmazza: "Az eretnek embert egy vagy két intés után kerüld." Amint látjuk, csak egyszer vagy kétszer adhatunk nekik tanácsot Isten szavával. Ha meghallgatják és megtérnek, az szerencsés helyzet. Egyébként jobb, ha távol tartjuk magunkat tőlük.

Hacsak nem állunk szilárdan az igazság talaján, lehet, hogy a vita közben az elméleteik megfertőznek bennünket. Kissé megváltoztatják az igazságot, és ezzel minden embernek képesek a gyengeségeibe behatolni. Tehát csak akkor vitázzunk velük, ha alaposan ismerjük Isten szavát.

Amikor egy személy, akinek nincs elég tudása, az eretnekség elméletétől megfertőződik, nagyon nehéz lesz megtérni számára, és az igazságra rájönni. Ezért az Úr azt mondja nekünk, hogy kerüljük a vitát, és tartsuk magunkat távol tőlük.

Isten szeretete, mellyel az embereket megmenti

Az Úr lehetőségeket ad, hogy megtérjünk és megbánást tanúsítsunk, azoknak is, akik eretnek tanokat hisznek, mint a Jehova Tanúi. A pergamoni gyülekezetnek küldött üzenet által az Úr emlékeztetőt kívánt adni arra, hogy azoknak a hívőknek, gyülekezeteknek, akik olyanok, mint a pergamoni volt, fel kell ébredniük.

A világgal való kompromisszumkötéssel kapcsolatban is figyelmeztet az Úr. Az emberek természete a húsbeli vágyaikat követi, bár ismerik Isten akaratát. Azt mondjuk, hogy Isten akaratát követjük, azonban, ha egyenként beengedjük a szívünkbe a húsbeli vonásokat, ez arra vezethet, hogy Isten szava megváltozik bennünk. A végén még az eretnek elméleteket is elhisszük.

Annak érdekében, hogy ezek az emberek rájöjjenek, mi is történik valójában, szükségünk van az élet szavára és tekintélyre is, mely behatol és megosztja a lelket, szellemet, ízületeket és csontvelőt is. Isten hatalmának csodálatos erejével megnyilvánulnak a csodák, amelyek által szintén az igét kell igazolnunk. Csak amikor ez megvalósul, lesznek képesek az eretnek elméletek hívői megbánást tanúsítani, és elfordulni tőlük.

Természetesen nem sok ember tartozik ebbe a kategóriába, de Isten azt szeretné, ha mindenki üdvözülne, és megtudná az igazságot (1 Timóteus 2:4). Még abban az esetben is, ha valakinek nagyon nehéz lenne az üdvösség, ha a szíve jó, az Úr kegyelme és a Szentlélek segítsége által újabb lehetőséget kap.

Amikor az evangéliumot terjesztjük, láthatjuk, hogy nehezebb a dolgunk azokkal, akik felületes módon ismerik a Bibliát, és az eretnek tanok hatása alatt állnak, mint azokkal, akik egyáltalán nem ismeri a Bibliát. Ezért ahhoz, hogy az igazságot terjeszteni tudjuk, hatalomra és tekintélyre van szükségünk.

Mi, akik ismerjük a bizonyítékokat, be kell mutatnunk azokat, amikor Jézus Krisztusról és a mennyei királyságról beszélünk, hogy ne tudják tagadni Őt, hanem fogadják el. Másképp, még ha nagyon nagy erőfeszítéssel terjesztjük is az evangéliumot, nem tudjuk az evangelizáció bőséges gyümölcsét leszedni.

AZ ÚR DÍCSÉRETE A PERGAMONI GYÜLEKEZET RÉSZÉRE

Tudom a te dolgaidat, és hogy hol lakol, a hol a Sátán királyiszéke van; és az én nevemet megtartod, és az én hitemet nem tagadtad meg Antipásnak, az én hű bizonyságomnak napjaiban sem, a ki megöleték nálatok, a hol a Sátán lakik (Jelenések 2:13).

Abban az időben Pergamon volt Ázsia egyik legjelentősebb városa. A politika és a tanulás központja volt. Az extravagáns bálványimádás központja volt. Tele volt szentélyekkel, ahol bálványokat lehetett imádni, mint Zeusz, Dionüsziusz, Athéna, Eszklépiusz, valamint volt három olyan szentély is, ahol a római császárt lehetett imádni. Létezett egy speciális templom, Eszklépiusz temploma, ahol a kígyókat lehetett imádni.

Pergamon városában volt a Sátán trónja, és a pergamoni gyülekezet ilyen környezetben élte a hívő életét. Ezért mondja ezt az Úr: "Tudom a te dolgaidat, és hogy hol lakol, a hol a Sátán királyiszéke van."

Pergamon gyülekezete megtartotta a hitét a Sátán trónja közelében is

Amikor az Úr azt mondta a pergamoni gyülekezetnek, hogy tudta, hol laknak, azt jelentette, hogy tudta: olyan helyen élnek, amely tele van bálványokkal. Azt is jelentette, hogy tudta: a hitük nem erős alapú, az Isten szava szerint. Arra gondolt, hogy könnyen becsaphatóak voltak a hamis tanok által, akkor is, ha Isten szavát valaki csak egy kicsit ferdítette el.

A Sátán trónja az a hely, ahol a Sátán ül. Azt jelenti: Pergamon tele volt bálványokkal. Nem könnyű olyan helyen megőrizni a hitet, amely tele van bűnökkel, és a Sátán barlangja. Azért van, mert a Sátán nagyon sok üldözést, próbatételt, megpróbáltatást hoz magával, hogy a hívők számára nehéz legyen a hitük megtartása.

A súlyos üldözések alatt Antipás mártírrá vált. A mártírsága erőt adott a többi hívőnek, hogy a hitét megőrizze, és győzedelmeskedjen. Az Úr dícsérte ezt.

Az Úr Antipást "az én hű bizonyságomnak" nevezi. Az Úr szavaiból megérthetjük Antipás hitét. Eldobta a gonoszságot a szívéből, az Úrhoz hasonlatossá vált, és a teljes életével az evangéliumot prédikálta. Amíg a feladatát teljesítette, mint az Úr egyik szolgája, végül mártírrá vált.

Létezik egy történet Antipás mártírságáról. Egy római katona arra kényszerítette, hogy térdeljen le a római császár bálványa előtt, és imádja őt.

Ezt mondta: "Antipás, térdelj le a római császár bálványa előtt."

Antipás ezt felelte: "Csak egy király létezik, a királyok királya, aki Jézus Krisztus. Senki más előtt nem fogok letérdelni."

A katona dühös lett, és így kiáltott: "Antipás, nem tudod, hogy az egész világ ellened van?"

Antipás így felelt: "Az egész világ ellen fogom akkor elismerni, hogy Jézus Krisztus az Urak Ura."

A dühe miatt a katona bedobta Antipást egy égő kemencébe, és megölte őt. Azonban a körülmények ellenére a pergamoni gyülekezet mégis megtartotta a hitét.

Lehet, hogy azok a hívők, akiknek nem erős a hite, ezt fogják kérdezni: "Hittek Istenben, és hűségesek is voltak. Miért üldözték akkor őket, és miért kellett mártírságban meghalniuk?" "Ha Isten valóban él, hogyan hagyhatta egyedül őket?" Ha megértik Isten akaratát és gondviselését, megértik azt is, miért történnek meg ezek a dolgok.

Isten gondviselése a mártírok által

Annyi mártírhalál történt, nem csak a korai egyházak esetében, mint a pergamoni, ahol Antipás mártírhalált halt, hanem mindenhol, ahol a kereszténység és a keresztények letelepedtek először.

Ez volt a helyzet a római császárral is, aki gyakorlatilag az egész világ fölött uralkodott. Róma állampolgárai végignézték, amint a Kolosszeumban nagyon sok keresztény mártírhalált halt. Azt gondolták róluk, hogy bolondosak. Még élvezték is a helyzetet. Azonban hamarosan azt gondolták, hogy mindez furcsa volt.

"Hogy létezik, hogy mosolyognak, amint meghalnak?"
"Mi késztette őket arra, hogy ezt tegyék?"
"Ki ez a Jézus, akiben hisznek?"

Elkezdtek érdeklődni a kereszténység iránt, és egyre több ember akart egyre többet megtudni a kereszténységről. Végül sok ember tudomást szerzett az evangéliumról, és elfogadta Jézus Krisztust.

Továbbá I. Konstantinusz császár idejében a kereszténységet elismerték állami vallásként is. Ez Isten gondviselése, amelyet az emberek nem tudnak megérteni. Enélkül a kereszténység nem tudott volna elterjedni Európa szerte, valamint az egész világon is olyan gyorsan.

Egy olyan személy, aki úgy éli a keresztény életét, ahogy jónak látja, nem tudja a hitét megőrizni, ha a mártírsággal járó fájdalommal, valamint a halál félelmével szembe kell néznie. Nagyobb az esélye annak, hogy elhagyja a hitét, amikor extrém helyzetbe, vagy életet fenyegető helyzetbe kerül, mivel nem dobta ki a gonoszságot a szívéből.

Csak azok, akik hűségesek és állhatatosak, tudják megtartani a hitüket akkor is, amikor a halállal kell szembe nézniük. Mártírhalált halhatnak a hitükért, annak megfelelően, hogy mennyire voltak képesek eldobni a gonoszságot, és elérni a szentesülést. Az ilyen mártírok nagy tisztességet és dicsőséget kapnak majd Istentől. Tehát igazából nagy áldás a számukra.

Az Úr megfeddi Pergamon gyülekezetét

De van valami kevés [panasz]om ellened, mert vannak ott nálad, a kik a Bálám tanítását tartják, a ki Bálákot tanította, hogy vessen botránykövet az Izráel fiai elé, hogy egyenek a bálványáldozatokból, és paráználkodjanak. Így vannak nálad is, a kik a Nikolaiták tanítását tartják, a mit gyűlölök. Térj meg: ha pedig nem, ellened megyek hamar, és vívok azok ellen számnak kardjával. (Jelenések 2:14-16).

Bár a pergamoni gyülekezetet megdícsérte, az Úr később elkezdi szigorúan megszidni őket később. A pergamoni gyülekezetben volt Antipás, aki mártírhalált halt, és mások is, akik az ő példáját követve megtartották a hitüket. Azonban olyan emberek is voltak, akik nem tudták ezt megtenni.

Az Úr azt mondja, hogy náluk van Bálaám tanítása, és szigorúan megfedi őket a cselekedeteik miatt.

Bálaámot megkísértette a pénz és a hírnév

Kik azok, akik kitartanak Bálaám és a nikolaiták tanításai mellett? Ahhoz, hogy ezt megértsük, meg kell néznünk az incidenst, ami lezajlott az izraeliták és Bálaám között, ahogy Mózes negyedik könyvében találjuk, a 22-24 fejezetekben.

Bálaám apja Beór volt, és a Pethor folyó mellett lakott. Tudott beszélni Istennel. Egy napon Balak, Moáb királya kért tőle egy szívességet. Balak arra kérte Bálaámaot, hogy átkozza meg az izraelitákat. Abban az időben épp túl voltak a negyven évnyi vadonban élésen az Exodus után, és most kellett volna bemenniük a Kánaán földjére.

Balak, Moáb királya meghallotta, hogy Isten az izraelitákkal volt, és amikor megtudta, hogy az izraeliták ebbe az országba jönnek, elöntötte a félelem, és megkérte Bálaámot, hogy segítsen.

Amikor Bálaám megkérdezte Istent, hogy mi volt az akarata, Isten ezt mondta: "És monda Isten Bálámnak: Ne menj el ő velök, ne átkozd meg azt a népet, mert áldott az." (4 Mózes 22:12). Amikor Bálaám megkapta ezt a választ Istentől, visszautasította Balak ajánlatát. Azonban Moáb királya számtalan előkelő herceget küldött ezüsttel és arannyal Bálaámhoz. A szíve megrendült. Velünk is előfordulhat ez az életünk során.

Ha Isten szavával azonnal leküzdjük a kísértésünket, nem jön ránk újra a kísértés. Ha azonban a szívünkben van hely a megingás számára, a Sátán nagy valószínűséggel újra megkísért bennünket. Ha csak úgy tűnik kívülről, hogy a bizonytalanságot levetkőztük, de belülről, mélyről nem, akkor a Sátán újra megkísért bennünket.

Úgy tűnt, hogy Bálaám is átment az első teszten. Azonban, mivel kapzsi volt, és a pénzt és tisztséget kívánta magának, másodszor is megkísérttették. Isten ezt mondta neki: "És eljöve Isten Bálámhoz éjjel, és monda néki: Ha azért jöttek e férfiak, hogy elhívjanak téged: kelj fel, menj el velök; de mindazáltal azt cselekedjed, a mit mondok majd néked." (4 Mózes 22:20). Isten akarata az volt, hogy ne menjen. Azonban, mivel Isten ismerte Bálaám szívét, és hogy miért kérte Bálaám ismét Istent, Isten a szabad akaratára hagyta. Végül nem tudta a pénz kísértését leküzdeni. Bálaám akkor megtanította Balakot, Moáb királyát, hogyan tud az izraelitáknak nehézséget okozni (4 Mózes 25:1-2).

Az izraeliták megszokták a vad mezei táj egyszerűségét. A vadonban töltött élet elfárasztotta őket.

Amikor azonban meghívták őket egy bálványimádó helyre, hirtelen kapcsolatba kerültek a világi dolgokkal. Ennek eredményeképpen ettek a bálványoknak felajánlott ételekből, és a moabita asszonyokkal fajtalan házasságtörésbe kezdtek. Manapság körülmetéljük a szívünket, és megszabadulunk a Szentlélek segítségével a bűneinktől. Amit ők tettek, nagyon más volt, mert a

115

világi dolgok vonzásába estek.

Büntetésképpen 24.000 ember közülük meghalt a pestisben 4 Mózes 25:9). Az 1 Korinthusi 10:8 szerint a halottak száma 23.000 volt.

Mózes 4. könyvében a halottak száma, 24.000 magában foglalja az izraelitákat és a moabita asszonyokat is. Másrészről az 1 Korinthusi 10:8 szerinti szám, a 23.000 az izraeliták száma volt csak. Ha elolvassuk a Bibliát a Szentlélek inspirációjában, megláthatjuk még jobban, mennyire pontos a Biblia.

Az Úr azt mondja azoknak, akik Bálaám útját követik: "van valaki, aki Bálaám tanítását követi." Mit kell megtanulnunk spirituális értelemben Bálaám incidense nyomán?

Figyelmeztetés azzal kapcsolatban, amikor olyan keresztény életet élünk, amiről azt gondoljuk, hogy helyes

Az első figyelmeztetés azzal kapcsolatos, amikor azt hisszük, hogy olyan keresztény életet élhetünk, amilyent akarunk, és világi kompromisszumot kötünk az igazsággal kapcsolatban. Ahogy Bálaám a halál útjára tért annak ellenére, hogy ismerte Isten akaratát, sok olyan keresztény ember van, aki olyan keresztény életet él, amelyben kompromisszumot köt a világgal. Azt jelenti, hogy a világot és a világi dolgokat jobban szeretik, mint Istent.

Mára különösen érvényes az 1 Timóteus 6:10 tartalma: "Mert minden rossznak gyökere a pénz szerelme: mely után sóvárogván némelyek eltévelyedtek a hittől, és magokat általszegezték sok fájdalommal." A pénz utáni kapzsiság miatt megszegik az Úr napját, vagy ellopják az Istennek ajánlott áldozatokat (Malakiás 3:8).

Bár Isten szolgájának az ima és szolgálat kell hogy a legfontosabb legyen, léteznek olyan szolgák az egyházban, akik kapzsik a pénz és tisztségek iránt, vagy kompromisszumot kötnek a világ tekintélyével.

Máté 6:24 ezt tartalmazza: "Senki sem szolgálhat két úrnak. Mert vagy az egyiket gyűlöli és a másikat szereti; vagy az egyikhez ragaszkodik és a másikat megveti. Nem szolgálhattok Istennek és a Mammonnak." Nem csak Isten szolgái, hanem Isten gyermekei csak Őt kell hogy szeressék, és csak az Ő akaratát kell hogy kövessék. A hitünknek nem szabad olyannak lennie, mint a Bálaámé, aki a világgal kompromisszumot kötött.

Ha még triviális dologról van is szó, de azt kell tennünk miatta, hogy elhagyjuk az igazságot és a világgal kompromisszumot kötünk, végül beleesünk, és a Sátán meg fog bennünket vádolni miatta. Ahogy egy kis darab élesztő a teljes kenyeret meg tudja keleszteni, ha a Sátánnak akár egyetlen munkáját bevesszük magunkba, végül a teljes elménket behálózza a Sátán munkája.

Gyakran látjuk, hogy azok, akiket egyszer Isten felhasznált a munkájára, elvesztek, elhagyatottak, deprimáltak lettek, amikor a hús bepecsételte őket. A pergamoni gyülekezetben is voltak ilyen emberek. Amíg Antipás mártírságát figyelték, akadt olyan ember, aki ennek ellenére olyan keresztény életet élt, amilyent jónak látott. Ezek az emberek mind a halál útjára tértek.

Az Úr szigorúan megfeddi nem csak a pergamoni embereket, hanem a mai emberek közül azokat, akik Bálaám cselekedeteit követik ma, és elmondja nekik, hogy bűnbánatot kell tartaniuk.

Figyelmeztetés az állhatatlan elme ellen

Másodszor, rá kell jönnünk arra, hogy nem szabad megváltoztatnunk a véleményünket. Vannak, akik azt állítják, hogy szeretik Istent, de laza keresztény életet élnek, ahogy jónak látják. Mások elhagyják Isten akaratát, bár tudják, miről szól az, hogy pénzt, hírnevet, és világi tekintélyt nyerjenek. Nem szabad olyannak lennünk, mint ők.

Hálából, miután megkapják Isten kegyelmét, ezt vallják: "Istennek szentelem az életem. Az életemet Istennek adom, és Istennek fogok élni." Azonban később, amikor az életben nehézségük adódik, megváltozik a véleményük, és ezt mondják: "Miért kellene így élnem? Miért nem élhetek könnyű, egyszerű keresztény életet, mint mások?"

Bálaám tudta Isten akaratát, azonban amikor a pénz és tisztségek kísértése utol érte őt, a szíve elcsábult. Isten igaz emberei állhatatos szívűek, nem változnak meg, még akkor sem, ha az idő telik, és a körülmények változnak.

Ilyen embereket a Bibliában is találunk. Közöttük volt egy idegen nő, akit Isten nagyon szeretett, mivel a jósága következtében nagyon állhatatos volt. Ő volt Ruth az Ótestamentumban.

Rúth moabita volt. Egy izraelitához ment férjhez, aki az éhség elől menekült. A férje meghalt, és már nem szülhetett gyerekeket. Volt egy sógornője, Orpah, aki ugyanebben a helyzetben volt.

Az anyósa, Naomi, megpróbált visszajutni a szülővárosába, Júdea földjére. Naomi azt tanácsolta a két menyének, hogy menjenek vissza az anyjuk otthonába. Ez egy nagyon nagylelkű ajánlat volt a Naomi részéről. Másképp el kellett volna hagyniuk a szülővárosukat, Moábot, és az ismeretlen Júdea földjére kellett volna menniük, a férjeik és gyerekeik nélkül.

Először mindketten azt mondták: követik az anyósukat, végig. Azonban, amikor Naomi megint rákérdezett, Rúth sógornője, Orpah megcsókolta Naomit, és elment. Azonban Ruth más volt.

Ruth pedig monda: Ne unszolj, hogy elhagyjalak, hogy visszaforduljak tőled. Mert a hova te mégy, oda megyek, és a hol te megszállsz, ott szállok meg; néped az én népem, és Istened az én Istenem. A hol te meghalsz, ott halok meg, ott temessenek el engem is. Úgy tegyen velem az Úr akármit, hogy csak a halál választ el engem tőled. (Ruth 1:16-17).

Világosan látjuk Ruth szívét, amely mindig, minden körülmény között állhatatos marad. Akkor sem változott meg, amikor Júdea földjére jött, és a teljes szívéből szolgálta az anyósát. Ennek eredményeképpen Isten áldásában részesült. Később boldog családja lett, egy Boáz nevű emberrel. A neve feljegyződött Jézus családfáján, mint egy idegen nőé.

Ha Bálaám szíve állhatatos lett volna, nem ellenkezett volna Isten akaratával, bármilyen kísértés vagy próbatétel előtt. Azonban, mivel a szíve állhatatlan volt, a pénz és tisztségek iránti kapzsisága felerősödött. Rossz útra tért, és számos embernek azt okozta, hogy meghaltak.

Emlékeznünk kell, hogy Bálaám történetét minden kereszténynek ismerni kell manapság, hiszen a végső időben élünk, amikor a bűn és a gonoszság nagyon elterjedt. Ha ismerjük ezt a tanulságot, nem fogunk olyan keresztény életet élni, amilyent helyesnek gondolunk. Olyan keresztény életet kell élnünk, amelyben soha nem változik meg a hozzáállásunk, semmilyen körülmény között.

A nikolaitánok tanításainak követői

A pergamoni gyülekezetben nem csak olyan emberek voltak, akik Bálaám tanítását követték, hanem olyanok is, akik a nikolaiták eszméit vallották. Amint láttuk Efezus gyülekezeténél, a nikolaiták alapítója Nikola volt, aki a korai egyházak hét diakónusának egyike volt.

Amint korábban kifejtettem, ha az emberek Bálaám tanítását követik, és olyan keresztény életet élnek, amilyent jónak látnak, kompromisszumot kötve a világgal, egyre mélyebbre esnek a világban. Ebben a kompromisszummal teli életben végül a nikolaiták tanításához térnek.

Azt vallották, hogy a lélek tiszta marad, függetlenül attól, hogy mennyit bűnözik a test, így a lélek a mennyországba juthat. Láthatjuk a Bibliából, hogy ez helytelen (1 Korinthusiak 6:9-10; 1 Thesszalonikaiak 5:23).

1 János 1:7 ezt tartalmazza: "Ha pedig a világosságban járunk, a mint ő maga a világosságban van: közösségünk van egymással, és Jézus Krisztusnak, az ő Fiának vére megtisztít minket minden bűntől." Csak ha megtisztulunk a bűnöktől, és a fényben járunk, leszünk tiszták, Jézus Krisztus vére által, az összes bűntől.

Hogyan mondhatnánk, hogy üdvözülünk, még akkor is, ha bűnben élünk? Amikor az önmagunk által választott keresztény életforma a végletekig megy, végül a kultuszok követését jelenti, amelyek szerint akkor is üdvözülhetünk, ha bűnös életet élünk. Vannak olyan hívők, akik annyira szeretik a világi életet, hogy az ige szerinti élet elképzelhetetlen a számukra. Azt a tanítást kedvelik, amely szerint bűnözhetnek, mert úgyis üdvösséget nyernek majd. Végül teljesen ezt követik.

Manapság annyira elterjedt olyan keresztény életet élni, amely megfelel az életvitelünknek, hogy külön figyelnünk kell: nehogy mi is így éljünk, mint a nikolaiták tették. Ha buzgalom nélkül imádkozunk, és úgy szolgálunk, ahogy azt jónak látjuk, úgy értelmezzük az igét, ahogy jónak látjuk, és úgy is engedelmeskedünk neki, és ezt mondjuk: "Elég volt. Nem kell ezt tennem," akkor a nikolaiták tanait követjük.

Bálaám cselekedeteinek túlzásba vivése a nikolaiták tanításához vezet

Bálaám és a nikolaiták tanítása szerint a keresztény életet úgy kell élni, ahogy jónak látjuk, ahogy az életünkben kényelmes, de vannak azért különbségek a két tanításban.

Bálaám tanítása szerint Istent két szívvel szolgáljuk. A pénz az anyagi javak szeretetét jelenti. Azt jelenti, hogy a tekintély és tisztségek miatt kompromisszumot kötünk, és közben azt valljuk, hogy szeretjük és szolgáljuk Istent. Azt jelenti, hogy eleinte Istent szeretjük, de később a világ iránt vágyakozunk. Végül a halál útjára térünk.

A nikolaiták cselekedete más, mint ez. Bűnöket követnek el, és azt tanítják egymásnak, hogy a bűn zsoldjának semmi köze nincs az üdvösséghez, és másokat is megkísértenek, hogy velük együtt mehessenek a halál útjára.

A nikolaiták tanítása megkérdőjelezi azt, hogy Jézust értünk keresztre feszítették.

Jézus lábába és kezeibe szöget vertek, hogy megmentsenek

bennünket a bűneinktől, amelyeket a cselekedeteink által követünk el. Azt mondják, hogy ha bűnözünk továbbra is, attól még üdvözülhetünk. Ez azt jelenti, hogy megtagadjuk az Urat, aki megvásárolt bennünket az Ő vérének az árával.

Ahogy a Galateák 5:13 tartalmazza: "Mert ti szabadságra hivattatok atyámfiai; csakhogy a szabadság ürügy ne legyen a testnek, sőt szeretettel szolgáljatok egymásnak," Jézus Krisztus miatt vagyunk szabadok a bűntől, és ezt a szabadságot nem szabad a húsbeli lehetőségekért elcserélnünk.

Természetesen a bűn elkövetése önmagában nem a nikolaiták cselekedete. Amikor egy új hívőnek gyenge a hite, nincs elég ereje az igét megtartani, néha bűnözik, aztán megbánja, és megtér. Ahogy átmegy ezeken a dolgokon, fokozatosan megszünteti a bűneit.

Emlékeznünk kell, hogy ha követjük Bálaám cselekedeteit, és kompromisszumot kötünk a világgal, a Sátán is bekebelezhet bennünket. Ha a nikolaiták tanításai befolyásolnak bennünket, azt fogjuk hinni, hogy akkor is menekülhetünk és üdvözülhetünk, ha bűnözünk.

Isten azt szeretné, ha megbánnánk a bűneinket, és megtérnénk

Az Úr ezt mondja azoknak, akik Bálaám és a nikolaiták tanításait követik: "Térj meg: ha pedig nem, ellened megyek hamar, és vívok azok ellen számnak kardjával." (16. vers).

Az Úr megemlíti a "számnak kardját," amely az Isten kardja. Ezért, "ellened megyek hamar, és vívok azok ellen számnak kardjával" azt jelenti, hogy az Úr Isten szavával a tudtukra adja, hogy mi a jó és mi a rossz, hogy megtérhessenek. Isten szeretete az, amely azt szeretné, ha megtérnénk, és megbánnánk a bűneinket.

Amikor valaki a rossz úton jár, lehet, egy másik személy Isten szavával szemrehányást tesz neki. Ha a személy megérti, amit mond, és megtér, ez áldás. Azonban olyanok is vannak, akik nem hallanak, bár van fülük. Ezeknek a spirituális fülük csukva van.

Ahogy a Példabeszédek 22:17 tartalmazza: "Hajtsd füledet, és hallgasd a bölcseknek beszédeit; és a te elmédet figyelmeztesd az én tudományomra." Ha Isten igaz gyermekei vagyunk, képesnek kell lennünk figyelni Isten szavára, amely az igazság. Még ha virgács is számunkra Isten szava, jobban figyelnünk kell rá, meg kell találnunk az igaz énünket, és meg kell változnunk. Ekkor az ige jó gyógyszer lesz, és nagy előnyt fog képviselni, hogy a bűnt eltávolítsuk magunkból.

Azonban azok, akik arrogánsak, tele vannak gonoszsággal, nem fogják meghallgatni Isten szavát, amely megfeddi őket. A füleik inkább gonosz dolgokat akarnak hallani majd. A Példabeszédek 17:4 ezt is tartalmazza: "A gonosztevő hallgat az álnok beszédekre, a csalárd hallgat a gonosz nyelvre."

Rá kell jönnünk, hogy minden dolog vége be fog következni nemsokára, józanul kell ítélkeznünk, imádkoznunk kell, és figyelnünk az igazságra. Nem szabad hogy hagyjuk, hogy az eretnek tanok befolyásoljanak bennünket. Ha hatottak is ránk a múltban, meg kell hallanunk Isten szavát, mely azt mondja, hogy bánjuk meg a bűneinket, és térjünk meg.

Isten ígérete a pergamoni gyülekezetnek

A kinek van füle hallja, mit mond a Lélek a gyülekezeteknek. A győzedelmesnek enni adok az elrejtett mannából, és adok annak fehér kövecskét, és a kövecskén új írott nevet, a melyet senki nem tud, csak az, a ki kapja. (Jelenések 2:17).

Meg kell hallanunk a Szentlélek hangját, és emlékeznünk kell rá. Ha Bálaám vagy a nikolaiták cselekedeteit vagy tanításait követjük, meg kell bánnunk, és meg kell térnünk. Csak akkor győzedelmeskedhetünk, ha nem hagyjuk el az Úr szeretetét, egész halálunkig. Ezeknek az embereknek az Úr azt ígérte, hogy titkos mannát és egy fehér követ ad majd.

Az örök élet ígérete, ha megbánjuk bűneinket

A titkos manna az Urunkra, Jézus Krisztusra vonatkozik. A manna volt az étel, amit az izraeliták kaptak, amikor az Exodus után átmentek a vadonon. Az Exodus 16:31 (Mózes második könyve) ezt magyarázza: "Az Izráel háza pedig Mánnak nevezé azt; olyan vala az mint a kóriándrom magva, fehér; és íze, mint a mézes pogácsáé." Azért volt, hogy a fizikai életük megmaradjon.

Azonban János 6:49-51 ezt tartalmazza: "A ti atyáitok a mannát ették a pusztában, és meghaltak. Ez az a kenyér, a mely a mennyből szállott alá, hogy kiki egyék belőle és meg ne haljon. Én vagyok amaz élő kenyér, a mely a mennyből szállott alá; ha valaki eszik e kenyérből, él örökké. És az a kenyér pedig, a melyet én adok, az én testem, a melyet én adok a világ életéért."

Spirituális értelemben a manna az Úr húsára vonatkozik, amely Isten szava. Azt jelenti, hogy akik ezt eszik, örök életet nyernek.

A titkos manna azt jelenti, hogy Jézus Krisztus által üdvözülhetünk. Még azoknak is jár az örök élet ígérete, akik olyan keresztény életet éltek, amilyent jónak gondoltak, és akik a kultuszok tanításait elfogadták, azoknak is. A feltétel az, hogy megbánják a bűneiket, és megtérnek.

Miért mondta az Úr, hogy a manna titkos volt?

1 Korinthusiak 2:7-8 ezt tartalmazza: "Hanem Istennek titkon való bölcseségét szóljuk, azt az elrejtett, melyet öröktől fogva elrendelt az Isten a mi dicsőségünkre; Melyet e világ

fejedelmei közül senki sem ismert, mert ha megismerték volna, nem feszítették volna meg a dicsőség Urát."

A tény, hogy Jézus eljött a földre húsbeli ember formájában és meghalt a kereszten, Isten gondviseléséből történt, amelynek a terve már meg volt tervezve az idő előtt, de a titkot senkinek nem lehetett felfedni idő előtt, ezért el kellett titkolni. Ezért hívják Jézus Krisztust "titkos mannának."

A fehér kő jelentése

Azt mondja az Úr, hogy egy fehér követ ad majd. Mi ez a fehér kő? Ahogy az 1 Korinthusiak 10:4 mondja: "És mindnyájan egy lelki italt ittak, mert ittak a lelki kősziklából, a mely követi vala őket, e kőszikla pedig a Krisztus volt." A "szikla" Jézus Krisztusra, az Úrra vonatkozik.

A fehér szín azt jelenti, hogy nincs bűn és gonoszság. A fehér kő itt a hibátlan és folttalan Jézus Krisztust képviseli, akiben nincs bűn és sötétség.

"A fehér kő adása" azt jelenti, hogy a hitünk növekedik, és a hit kőszikláján állunk, mert megettük a mannát, a lelki táplálékot, és mert az igének megfelelően cselekedtünk.

Most az Úr azt mondja, hogy egy új név áll a fehér kövön. A Cselekedetek 4:11-12 ezt tartalmazza: "Ez ama kő, melyet ti építők megvetettetek, mely lett a szegeletnek fejévé. És nincsen senkiben másban idvesség: mert nem is adatott emberek között az ég alatt más név, mely által kellene nékünk megtartatnunk." A név Jézus Krisztus.

Csak azok, akik meghallgatják az igazság szavát, és cselekedetbe öntik, és a hitben szilárdan állnak, tudják elismerni az Úr Jézus Krisztus nevét.

Nem ismerik az emberek Jézus Krisztus nevét? Nem! Csak a húsbeli jelentését értik. Úgy ismerik Jézust, mint a négy szent egyikét. Nem tudják, hogy Jézus Krisztus az egyedüli Megmentőnk. Nem mondhatják, hogy "ismerik" Jézus Krisztust.

Amit nagyon sajnálok, a következő: még a hívők között is vannak olyanok, akik nem ismerik az Úr nevét. Bár járnak templomba, és azt vallják, hogy hisznek az Úrban, nem jelenti azt, hogy hisznek az Úrban. Csak amikor megtartják az igazság szavát, mondhatjuk, hogy valóban ismerik az Úr szavát.

Annak érdekében, hogy titkos mannát és fehér követ kapjunk, egyike kell hogy legyünk azon embereknek, akik győzedelmeskednek. Győzni annyit jelent, hogy az igazságban élünk, a sötétség bűneit legyőzzük, és állhatatos hittel menetelünk előre.

Csak azok kaphatják meg a mannát és a fehér követ, amelyre az Úr nevét írták, akik győzedelmeskednek, és megérthetik, ki Jézus, hihetnek Benne, és reménykedhetnek a mennyországban, és örömben és hálában élhetnek.

A cselekedetek nélküli tudás nem vezeti el őket a hitük

növekedéséhez. Nem tudnak teljesen hinni a Jézus Krisztus személyében sem. A neve nem lehet a szívükben.

Vannak, akik nem élnek Isten szava szerint, és a Biblia szavait idézve keresnek kifogásokat: "a lélek akar, de a hús gyenge." Próbálják megmagyarázni magukat ezzel. Azonban ez csak egy kifogás. Ha valóban az ige szerint szeretnének élni, cselekedniük kell.
Csak az agyukkal szeretnék, de a szívük mélyéről nem. Ha valamit a szívünk mélyén eldöntünk, biztosan lesz cselekedet is utána.

Ha valaki az Úr mannáját megkapja, valamint Jézus Krisztus nevét, amely az idő előtt elrejtett titok volt, akkor a szíve mélyéről elhiszi azt. A cselekedetei követik majd ezt.

Az ilyen embereknek az Úr ezt mondja: "Ismerlek," és megígéri nekünk is, amit Jánosnak, 10:28-ban: "És én örök életet adok nékik; és soha örökké el nem vesznek, és senki ki nem ragadja őket az én kezemből."

Csak azok üdvözülnek, akik az igazság jegyében cselekednek

Sok ember azt mondja, hogy ismeri és hiszi Istent, de nem mindenki tud üdvözülni.

János 3:36 így szól: "A ki hisz a Fiúban, örök élete van; a ki pedig nem enged a Fiúnak, nem lát életet, hanem az Isten haragja marad rajta." Hasonlóan, csak ha hisszük az Úr tanításait, és legyőzzük a bűnöket és a gonoszságot, kaphatjuk meg a Jézus Krisztus általi üdvösség ígéretét. Ezek azok, akik ismerik Jézus Krisztus nevét.

Nem elég számunkra, ha ismerjük az Urat. Az Úr is kell hogy ismerjen bennünket.

János 10:25-27 világosan megmutatja, kinek mondja azt az Úr: "Ismerlek." Ezt mondja: "Felele nékik Jézus: Megmondtam néktek, és nem hiszitek: a cselekedetek, a melyeket én cselekszem az én Atyám nevében, azok tesznek bizonyságot rólam. De ti nem hisztek, mert ti nem az én juhaim közül vagytok. A mint megmondtam néktek: Az én juhaim hallják az én szómat, és én ismerem őket, és követnek engem."

1 János 1:6-7 ezt tartalmazza: "Ha azt mondjuk, hogy közösségünk van vele, és sötétségben járunk; hazudunk és nem az igazságot cselekeszszük. Ha pedig a világosságban járunk, a mint ő maga a világosságban van: közösségünk van egymással, és Jézus Krisztusnak, az ő Fiának vére megtisztít minket minden bűntől."

Csak az, aki a fényben jár, és az igazságban cselekszik, tud társa lenni Istennek. Ez a fajta ember ismeri igazából Istent és az Urat, és lehet megbocsájtani minden bűnét Jézus Krisztus vére által.

Jézus csak az igazságról és a jóságról beszélt, és számos csodát kinyilvánított az Atya Isten nevében. Azonban az Ő napjában voltak olyan emberek, akik nem hittek. Ezeknek ezt mondta Ő: "De ti nem hisztek, mert ti nem az én juhaim közül vagytok. A mint megmondtam néktek."(János 10:26). Ha az Úr igaz bárányai ők, hinni fognak az Úrban a cselekedetei és szava által. Ha hisznek Benne, meghallják a Hangját, és követik Őt. Az ilyen bárányok az Úr bárányai, és az Úr ezt mondja nekik: "A bárányaim vagytok. Ismerlek benneteket."

Ezért, engedelmeskednünk kell Isten szavának, az igazságot gyakorolnunk kell, és bírnunk kell az Úr ígéretével az örök élettel kapcsolatban, hogy bőséges gyümölcsöt teremjünk, az élet minden területén.

NEGYEDIK FEJEZET

THIATIRA GYÜLEKEZETE:
- Kompromisszum kötése a világgal, és olyan dolgok elfogyasztása, amelyeket a bálványoknak szenteltek

A thiatirai gyülekezet több cselekedetet végrehajtott Isten királyságának megvalósításában, mint korábban tette. Az Úr megdícsérte őket ezért, de feddést is kaptak azért, mert olyan ételt fogyasztottak el, amelyet a bálványoknak áldoztak fel. A hamis prófétanőt, Jezebelt is tolerálták, és kompromisszumot kötöttek a világgal.

Ez egy olyan üzenet, amelyet azoknak a gyülekezeteknek küldenek, amelyek kompromisszumot kötnek a világgal, és olyan keresztény életet élnek, amilyent szeretnének, mert az a kényelmes.

Jelenések 2:18-29

A Thiatirabeli gyülekezet angyalának pedig írd meg: Ezt mondja az Isten Fia, a kinek szemei olyanok, mint a tűzláng, és a kinek lábai hasonlók az ízzó fényű érczhez:
Tudom a te dolgaidat, és szeretetedet, szolgálatodat, és hitedet és tűrésedet, és hogy a te utolsó cselekedeteid többek az elsőknél. De van valami kevés [panasz]om ellened, mert megengeded amaz asszonynak, Jézabelnek, a ki magát prófétának mondja, hogy tanítson és elhitesse az én szolgáimat, hogy paráználkodjanak és a bálványáldozatokból egyenek. Adtam néki időt is, hogy megtérjen az ő paráználkodásából; és nem tért meg. Íme én ágyba vetem őt, és azokat, a kik vele paráználkodnak, nagy nyomorúságba, ha meg nem térnek az ő cselekedeteikből. És az ő fiait megölöm halállal; és megtudják a gyülekezetek mind, hogy én vagyok a vesék és szívek vizsgálója; és mindeniteknek megfizetek a ti cselekedeteitek szerint. Néktek pedig azt mondom és mind a többi Thiatirabelieknek is, a kiknél nincsen e tudomány, és a kik nem ismerik a Sátán mélységeit, a mint ők nevezik: nem vetek reátok más terhet, Hanem a mi nálatok van, azt tartsátok meg addig, míg eljövök. És a ki győz, és a ki mindvégig megőrzi az én cselekedeteimet, annak hatalmat adok a pogányokon; És uralkodik rajtuk vasvesszővel, mint a fazekas edényei széttöretnek; a miképen én is vettem az én Atyámtól: És adom annak a hajnalcsillagot. A kinek van füle, hallja, mit mond a Lélek a gyülekezeteknek.

AZ ÚR LEVELE A THIATIRAI GYÜLEKEZETHEZ

A Thiatirabeli gyülekezet angyalának pedig írd meg: Ezt mondja az Isten Fia, a kinek szemei olyanok, mint a tűzláng, és a kinek lábai hasonlók az ízzó fényű érczhez (Jelenések 2:18).

Thiatira abban az időben bőséget élvezett a kereskedelemben és a kézművességben. Az ugyanolyan mesterségekben dolgozó emberek csoportosultak, olyan egységeket alkotva, mint a mai céhek. Léteztek a festők, fonók, pékek, lakatosok, és más céhek. A céhek szorosan kapcsolódtak a thiatirai állampolgárok életéhez. Ha nem csatlakoztak egy céhhez, lehet, hogy gondjuk volt a mindennapi élet megszervezésében.

A gond az volt, hogy mindenik cég a saját őrző Istenét bálványozta. A céhek funkcionális tevékenysége vallásos természetű volt. Az őrző istenek számára ceremóniákat és rítusokat mutattak a céhes összejöveteleiken. A ceremóniák után megették az isteneknek áldozott ételt, és a tagoknak kötelező volt ledér tevékenységekben részt venni. Még ha ellenezték is őket, kötelező volt számukra a részvétel.

Könnyen elképzelhetjük, milyen nehéz lehetett a számukra a hitüket megtartani. A thiatirai gyülekezet hívői is csatlakoztak a céhekhez a megélhetésük miatt. Néhányan közülük részt vettek a rítusokban és az erkölcstelen szokásokban, hogy ne veszítsék el a megélhetésüket.

Az Úr szemei olyanok, mint a tűzláng, és a lábai, mint az izzó fényű érc

A 18. versben leírást találunk az Úr megjelenéséről, aki a thiatirai gyülekezet angyalához ír. Ezt mondja: "az Isten Fia, a kinek szemei olyanok, mint a tűzláng, és a kinek lábai hasonlók az ízzó fényű érczhez." Azt jelenti, hogy a szemei úgy ragyognak, mint a brilliánsan égő láng a sötétben, meghozva a melegség érzését.

Ugyanakkor a szemei olyanok, mint egy tűzláng, amely minden gonoszságot és bűnt feléget, és tökéletesen megkülönbözteti az igazságot a hamisságtól. Az Úr arra használja láng-szemét, hogy kikutasson minden egyes szívet, gondolatot és agyat. Ezért mondja azt, hogy a szeme olyan, mint a láng.

Mit jelent a következő: "a lábai, mint az izzó fényű érc"? A Jelenések 1:15 ezt is tartalmazza: "És a lábai hasonlók valának az izzó fényű érczhez." Ha az aranyat, ezüstöt vagy bronzot égő kemencében felmelegítjük, az összes szennyeződés eltűnik belőlük.

Minél tisztább, annál magasabb az értéke. Fényesebb lesz, és szebb, mint a finomítás előtt. Az Úr lába tiszta és fényes, mint a finomított és izzó fényű érc. Elmondhatjuk, hogy a láb az emberi test egyik legpiszkosabb része. Azonban az Úrnak még a lábai is tiszták, mivel Ő tökéletes és szent.

Az ok, amiért a Biblia azt mondja, hogy az Úr szeme olyan, mint a tűzláng, és a lábai olyanok, mint az izzó fényű érc az, hogy Isten szándéka az velünk, hogy újra rájöjjünk, hogy mennyire dicsőséges és nagyszerű az Urunk.

Azt is hangsúlyozza, hogy az Úr az Isten Fia. Minden dolgot megítél. Nem hasonlítható össze egy emberrel vagy egy bálvánnyal, amelyet az ember alkotott. Megérdemli a legnagyobb dicsőséget.

János 20:31 ezt tartalmazza: "Ezek pedig azért irattak meg, hogy higyjétek, hogy Jézus a Krisztus, az Istennek Fia, és hogy [ezt] hívén, életetek legyen az ő nevében." 1 János 4:15 ezt tartalmazza: "A ki vallja, hogy Jézus az Istennek Fia, az Isten megmarad abban, és ő [is] az Istenben."

Az egyedüli, akit szolgálnunk és imádnunk kell, az az Egyetlen Jézus, aki Istennel egy. Semmilyen más teremtmény vagy tárgy nem lehet, akit vagy amit imádnunk kell.

A mai esetek, amelyek olyanok, mint a thiatirai gyülekezet

Néhány gyülekezet ma is azt teszi, hogy a vallási tolerancia nevében elfogadnak különböző helyi hiedelmeket.

Egy vallás megengedi a koreaiaknak, hogy az elődeiket bálványozzák. Azt mondják, hisznek az Egyetlen Istenben, valamint Jézus Krisztusban, a Megmentőjükben, mégis ilyent tesznek. Természetesen nem helytelen, ha az elődöket tiszteljük, és megemlékezünk arról, amit tettek. Azonban amikor az áldozati rítusokat tolerálják a morális kötelességre hivatkozva, ez végül oda vezet, hogy az igazság ellen állnak, ami az Isten szava.

Az 1 Korinthusiak 10:20 világosan kimondja: "Sőt, hogy a mit a pogányok áldoznak, ördögöknek áldozzák és nem Istennek; nem akarom pedig, hogy ti az ördögökkel legyetek közösségben."

Mostanában néhány protestáns gyülekezet valami hasonlót mond, és egyesülnek más vallásokkal, amelyek bálványokat imádnak, áldásokat és áldozatokat ajánlva fel nekik. Azt mondják, hogy ezzel kimutatják a nagylelkűségüket, és az emberiség egységét keresik.

Azonban Istennek soha nem tetszik, ha a gyülekezetek olyan más egyházakkal és gyülekezetekkel egyesülnek, amelyek bálványokat imádnak. Ez Isten gyalázását jelenti, ha valaki a pogány ünnepen gratulációt küld, vagy Isten szentélyébe bálványimádókat visz. Még ha nincs is szándékukban Isten meggyalázni, Isten akarata ellen mennek, és valójában szembeszegülnek Vele, mert nem ismerik az igazságot megfelelően.

Cselekedetek, amelyek azért történnek meg, mert nem ismerik a teljes igazságot

Szűz Mária szolgálata és imádata, akiben megfogant Jézus Krisztus a Szentlélek által, egy olyan eset, amikor nem tudjuk az igazságot kellőképpen. Természetesen nem azt mondják, hogy Szűz Máriát bálványként imádják. Kitartanak amellett, hogy a legmagasabb tiszteletet mutatják iránta, mivel megszülte a Megmentőt, Jézus Urat.

Tény az, hogy végül azokat, akik nem ismerik kellőképpen az igazságot, vezetni fogják, hogy letérdeljenek, és imádkozzanak egy teremtmény formája előtt.

János 19:26-27 ezt tartalmazza: "Jézus azért, mikor látja vala, hogy [ott] áll az ő anyja és az a tanítvány, a kit szeret vala, monda az ő anyjának: Asszony, ímhol a te fiad! Azután monda a tanítványnak: Ímhol a te anyád! És ettől az órától magához fogadá azt az a tanítvány."

Amikor Jézus ezt mondta Szűzmáriának: "a fiad," a tanítványára, Jánosra gondolt, aki mellettük állt, és akit Jézus "a fiadnak" nevezett. Jézus nem hívta "fiúnak" magát. Ugyanakkor Szűzmáriát sem hívta "anyámnak," hanem "nőnek" hívta.

A Bibliában egyetlen eset sincs, amikor Jézus Máriát "anyámnak" hívta volna. János evangéliumának második fejezetében, amikor Jézus a vizet borrá változtatta, ezt mondta Szűzmáriának: "Monda néki Jézus: Mi közöm nékem te hozzád, oh asszony? Nem jött még el az én órám" (4. vers). Szűzmáriát "asszonynak" hívta.

Az Exodus 3:14-ben Isten ezt mondja: "VAGYOK, AKI VAGYOK." Senki nem adott életet Istennek. Ezért Jézus, aki eredetileg ugyanaz, mint Isten Atya, nem hívhatja Máriát, egy egyszerű teremtményt "anyának."

Jézus nem József spermája által fogant, vagy Mária petesejtje által. Kizárólag a Szentlélek hatalma által fogant meg. A Mindenható Isten arra is képes, hogy egy petesejt meg sperma nélkül megvalósítsa a fogantatást. Jézus csak kölcsönkérte Mária testét.

Az Exodus 20:3-5 ezt tartalmazza: "Ne legyenek néked idegen isteneid én előttem. Ne csinálj magadnak faragott képet, és semmi hasonlót azokhoz, a melyek fenn az égben, vagy a melyek alant a földön, vagy a melyek a vizekben a föld alatt vannak. Ne imádd és ne tiszteld azokat; mert én, az Úr a te Istened, féltőnszerető Isten vagyok, a ki megbüntetem az atyák vétkét a fiakban, harmad és negyediziglen, a kik engem gyűlölnek."

Lehet, hogy azt hiszik, nem bálványokat imádnak, azonban az emberi gondolat által létrehozott keretek miatt néhány ember bálványokat imád, és Isten akaratával szembemegy.

Ha továbbra is az igazság ellen állnak, bár ismerik Isten akaratát, nem kaphatják meg Isten kegyelmét, és a Szentlélek segítségét sem. Ezért a Sátán hatalma alá kerülnek.

Más módok, amelyekkel az igazság ellen lehet cselekedni

Ráadásul az élet számos más területén sok olyan dolog van, amely az igazság ellen szól. Például vannak olyan egyházak, amelyek megengedik az ivást és a dohányzást. Tényleg elfogadható ez? Az ivás és dohányzás lehet, hogy nem önmagában gond. Az a baj, hogy számos más bűnhöz elvezethetnek.

Az 1 Korinthusiak 3:17 ezt tartalmazza: "Ha valaki az Isten templomát megrontja, megrontja azt az Isten. Mert az Istennek temploma szent, ezek vagytok ti." Amint látjuk, a testünk Isten szent temploma, és nem szabad lepusztítanunk azt az ivással és dohányzással.

Vannak olyan emberek, akik nem vallják be a bűneiket Isten előtt, viszont mások előtt eljátszák a közvetítő szerepet. Jézus Krisztus Maga vált a közvetítőnkké, és megmentett bennünket a bűneinktől, ezért Isten gyermekeivé váltunk. Hogy hathat ez Jézusra, amikor ezeket az embereket látja?

Amikor Jézus meghalt a kereszten, a templom fátylát kettéhasították, fentről lefelé. Azért volt, hogy Istennel közvetlenül tudjunk kommunikálni. Az Ótestamentumban a főpapok felajánlották az áldozatokat az emberek nevében a bűnök bocsánatáért. Azonban, mivel Jézus Krisztus engesztelő áldozattá vált, képesek lettünk Istennel közvetlenül kommunikálni. Bárki, aki hisz Jézus Krisztusban, bejöhet Isten szentélyébe, hogy Őt imádja. Amikor imádkozunk, közvetlenül Istenhez címezhetjük az imát, nem paphoz vagy prófétához.

Továbbá, még ha valaki ezt is mondja: "A bűnöd megbocsáttatott," nem lehet elhinni, mert a szavak önmagukban nem legek. Csakis Isten, és Isten egyedül képes megbocsájtani a bűneinket.

Lehet, hogy ezt kérded: "Akkor, mit jelet az, amit az Úr mond a tanítványainak, amikor feltámad: "A kiknek bűneit megbocsátjátok, megbocsáttatnak azoknak; a kikéit megtartjátok, megtartatnak" – ahogy azt megtaláljuk a János 20:23-ban?

Az embernek eggyé kell válnia Istennel és az Úrral, mert az ilyen embert szereti és bebiztosítja az Úr. Ahogy látjuk Jakab 5:16-ban, "mert igen hasznos az igaznak buzgóságos könyörgése," azaz, egy olyan ember imája, akit Isten szeret és hitelesít, lehozhatja Isten szeretetét és együttérzését.

Nem jelenti azt, hogy feltétel nélkül visszavonják valakinek a bűneit. A bűnük megbocsájtásának kulcsa a személynél magánál van.

1 János 1:7 ezt tartalmazza: "Ha pedig a világosságban járunk, a mint ő maga a világosságban van: közösségünk van egymással, és Jézus Krisztusnak, az ő Fiának vére megtisztít minket minden bűntől." Megbocsájthatják a bűneinket Jézus Krisztus értékes vére által, de csak akkor, ha teljesen megbánjuk a bűneinket és megtérünk, és a fényben járunk.

Ha továbbra is a sötétben járunk, anélkül, hogy megbánást mutatnánk és megtérnénk, akkor függetlenül attól, hogy milyen ember imádkozik értünk, mennyire szereti őt és ismeri el Isten, Isten nem fog nekünk megbocsájtani.

Az Isten mediátorával való ima annak érdekében, hogy megbocsájtást nyerjünk, azt mutatja, hogy nem értettük meg alaposan a Bibliát, és nagyon távol vagyunk Isten akaratától.

AZ ÚR MEGDÍCSÉRI A THIATIRAI GYÜLEKEZETET

Tudom a te dolgaidat, és szeretetedet, szolgálatodat, és hitedet és tűrésedet, és hogy a te utolsó cselekedeteid többek az elsőknél. (Jelenések 2:19).

Jézus ezt mondja a thiarai gyülekezetnek: "Tudom a cselekedeteiteket, a szereteteteket, hiteteket, szolgálatotokat és kitartásotokat, és hogy a későbbi cselekedeteitek nagyszerűbbek, mint a korábbiak." Azt gondolhatnánk, hogy ez igazi dícséret, azonban valójában nem az. Csak annyit jelent, hogy a későbbi cselekedeteik nagyszerűbbek voltak, mint a korábbiak.

Az efezusi gyülekezettel ellentétben, akik elhagyták az első szeretetüket és az Úr megfeddte őket, a thiatirai egyház egyre több cselekedetet halmozott fel az idő múlásával.

A thiatirai gyülekezet szeretete, hite, szolgálata és kitartása

Először a munkájukat dícsérték. A munkájuk nem valami üzlet vagy mesterség, hanem az Úrban történt munkára vonatkozik. Az Isten királyságáért folyó munkáról van szó, és mindent jelent az Úrban, beleértve a lelkek megmentését is.

Az evangelizálás, látogatások, a misszionárius munka, az adományozó munka, az Isten-adta feladatoknak való eleget tevés, valamint mások szolgálata - mind ide tartozik.

A gyülekezet célja a lelkek üdvösségének, valamint az Isten királyságának megvalósítása. Vannak olyan emberek, akik ezt vagy azt az üzletet az Isten királyságáért teszik, azonban a lelkük mélyén a saját előnyüket keresik.

Ebben az esetben Isten nem elégedett, és gondok lesznek. Ezért, semmi nem lehet kapcsolatban a világi üzlettel a templomban. Sőt, Isten nem elégedett velünk akkor sem, ha a templomban olyan beszélgetésben veszünk részt, amely világi üzlettel kapcsolatos.

A thiatirai gyülekezetben szeretet volt. Szerették az Urat. A szeretetnek annak az állhatatos fajtának kell lennie, amelyet az Úr mutatott felénk. Az a lelki és igaz szeretet, és csak azok tartoznak Istenhez, akikben ilyen szeretet van.

Isten akarata az, hogy szeressük egymást (1 János 4:7-8),

és ez az új parancsolat, amit kaptunk Tőle. Először Istent kell hogy szeressük, és úgy kell szeretnünk a szomszédainkat is, mint magunkat.

A thiatirai gyülekezetben is volt hit. A hit egyenesen kötődik az igazsághoz. Egy ember nem hihet másoknak addig, amíg a szívében hamisság van. Csak amikor igaz egy személy a szívében legbelül, láthatja meg az igazságot másokban, és hihet és bízhat bennük.

Ugyanez érvényes a hitre is. Ha van igazság a szívünkben, elhisszük Isten szavát, amely az igazság. A zsidókhoz írt levél 10:22 ezt tartalmazza: "Járuljunk hozzá igaz szívvel, hitnek teljességével, mint a kiknek szívök tiszta a gonosz lelkiismerettől." Ha őszinte a szívünk, a hitünk igaz lehet.

A thiatirai gyülekezetben volt szolgálat. Bár az Úr Isten formájában létezett, nem úgy gondolta, hogy az Istennel való egyenlőséget meg lehet érteni (Filippiekhez 2:6).

Ahogy Márk 10:45- ben látjuk: "Mert az embernek Fia sem azért jött, hogy néki szolgáljanak, hanem hogy ő szolgáljon, és adja az ő életét váltságul sokakért." Jézus azért jött, hogy szolgáljon, nem hogy őt szolgálják.

Ezért Isten gyermekeiként Őt kell példaképünknek tekintenünk, és egymást szolgálnunk kell. Azonban a szolgálat, amit Isten tőlünk akar a szív mélyéről jön, bárki számára.

Amikor másokat szolgálunk, jobbaknak kell őket

gondolnunk, mint saját magunkat. Ekkor nem csak kívülről, hanem a szívünk mélyéről tudunk szolgálni. Mások tisztelnek majd bennünket, és teljes szívvel szolgálnak minket.

Végül, a thiatirai gyülekezetben volt kitartás. Máté 7:13-14 ezt tartalmazza: "Menjetek be a szoros kapun. Mert tágas az a kapu és széles az az út, a mely a veszedelemre visz, és sokan vannak, a kik azon járnak. Mert szoros az a kapu és keskeny az az út, a mely az életre visz, és kevesen vannak, a kik megtalálják azt."

Mivel a mennyországba vezető út keskeny, annak érdekében, hogy ezt az utat megtegyük, kitartónak kell lennünk. A bűnünk ellen egészen a vérünk kiontásáig is harcolnunk kell. Imádkoznunk és böjtölnünk kell, és Isten királyságához hűségesnek kell lennünk. Néha szenvednünk kell az Úr nevéért.

Ha a hitünk gyenge, lehet, hogy azt gondoljuk, hogy nehéz, és pihenni akarunk. Azonban a Rómaiakhoz írt levél 8:18 ezt mondja: "Mert azt tartom, hogy a miket most szenvedünk, nem hasonlíthatók ahhoz a dicsőséghez, mely nékünk megjelentetik. Mert a teremtett világ sóvárogva várja az Isten fiainak megjelenését." Mivel tudjuk, hogy miután mindezt elszenvedtük, milyen nagyszerű gyümölcsöt kapunk, megint felkelünk, és továbbmegyünk a szűk ösvényen.

Végül, attól kezdve, hogy a hit szikláján állunk, nem érezzük már, hogy erőnek erejével kell ezen a szűk ösvényen járnunk. A Rómaiakhoz 5:3-4 ezt tartalmazza: "Nemcsak pedig, hanem dicsekedünk a háborúságokban is, tudván, hogy a háborúság békességes tűrést nemz, A békességes tűrés pedig próbatételt, a próbatétel pedig reménységet." Minden helyzetben tele vagyunk örömmel és reménységgel. Békés szívvel tudunk elmenni a mennyországba.

Isten azt szeretné, ha a szívünk és a hitünk igaz lenne

Amint láttuk, amikor az Úr megdícsérte a thiatirai gyülekezetet, az nem igazi dícséret volt. Azért volt, mert a cselekedeteik, szeretetük és hitük megfelelő volt Isten szemében, azonban a későbbi cselekedeteik nagyszerűbbek voltak, mint a korábbiak.

A késői cselekedeteik jobbak voltak, és a cselekedeteik kívülről nagyobbnak tűntek. Az Úr azt akarta, hogy vizsgálják meg, hogy a kívülre irányuló cselekedeteik igazak voltak-e.

Kívülről a jó munkájuk még jobbá vált, de mi volt az igazi cél? Nem arról van szó, hogy a jó cselekedeteik rosszak lettek volna. Meg kellett vizsgálniuk, hogy a jó cselekedeteik célja az volt-e, hogy a jóságukat megmutassák másoknak is.

Nem az a fontos, hogy mit mutatunk kívülről, hanem a szív belseje, és az igaz hittel való cselekvés. Lehet, hogy nagyszerű munkákat végzünk az Úrért, és a szeretet, hit, szolgálat és kitartás

cselekedeteit hajtjuk végre, de ha ezek a dolgok nem a szívünk
mélyéről származnak, nem lehetnek igazi cselekedetek.

Például lehet, hogy segítünk a bajba jutottakon. Azonban,
ha a saját elégtételünk miatt tesszük ezt, vagy azért, hogy ezt
fitogtathassuk, mondván: "Ilyen sok jó cselekedetet hajtottunk
végre. Ez a szeretet és a hit!" akkor az nem lehet igaz Isten előtt,
aki a szív belsejébe néz.

Vannak esetek, amikor az emberek hűségesnek tűnnek Isten
munkájához, és úgy tűnik, hogy buzgó hitbeli életet élnek, de
Isten nem ismeri el kőket. Úgy tűnik, hogy annyira hűséges
keresztények, mert önkéntes munkát végeznek, másokat
szolgálnak, és jó cselekedeteik vannak. Azonban megvan az esély,
hogy a szívük körülmetélésével leálltak.

Nem a Szentlélek teljességében dolgoznak, vagy
a mennyországba vetett hit által, hanem csak húsbeli
szorgalommal. Természetesen sokat kell önkénteskednünk,
és a templom számos tevékenységébe be kell szállnunk, mivel
természetesnek kell lennie, hogy az Istennek tetsző dolgokat meg
kell találnunk.

Azonban, ami ennél is fontosabb az, hogy Isten kegyelmét
és erejét kell keresnünk, a szívünk mélyéről, és lélekké kell
változnunk, egyre jobban. Csak ekkor válhat az önkéntes
munkánk és szolgálatunk az igaz hit cselekedeteivé.

A cselekedet nélküli hit halott, de a hit nélküli cselekedetek értelmetlenek. Függetlenül attól, hány cselekedetet hajtunk végre az Úr nevében, ha nem teszünk erősfeszítéseket annak érdekében, hogy a gonoszságtól megszabaduljunk, és nem a Szentlélek jegyében irányítjuk az életünket, nem lelki hitről beszélünk, és nem keresztény lelki életről.

Lehet, hogy látszatra buzgó munkásnak tűnünk, de nem fogunk engedelmeskedni az igének, és nem is hisszük el azt, ha nincs összhangban a gondolatunkkal. Nem leszünk képesek rájönni Isten szívére és akaratára, és nem fogjuk megérteni a kapott, spirituális értelemben vett mély szavak értelmét sem. A hit húsbeli szintjén fogunk megrekedni. Ezeket a húsbeli cselekedeteket lehet, hogy dícsérni fogják azok, akik csak a külső cselekedeteket látják, de Isten nem, aki a szívet kutatja.

Ma is, elképzelhető, hogy olyan keresztény életet élünk, amely nem a szívünk igazságával megélt, hanem csak a külsőségekre koncentrál, amelyeket mások elismernek. Ezért kell megvizsgálnunk, milyen fajta szívvel bírunk.

Nem sokkal ezelőtt egy híres apáca meghalt, aki az élete nagy részét a szegények megsegítésével élte. Megkapta a Nobel békedíjat. A teljes életét a szegényeknek szentelte.

Láthatjuk, milyen fajta életet élt egy levélből, amelyet ő írt. A TIME magazin riportja szerint nem érezte Isten jelenlétét akkortól kezdve, amikor elkezdett a szegényekért, és a haláláig sem. A szíve fájdalmát a pokol fájdalmához hasonlította, és még Isten és a mennyország létezésével kapcsolatban is szkeptikus volt.

Az emberek elismerték és dícsérték a szegényekért végzett munkáját. Azonban a hite nem az a fajta hit volt, amelyet Isten elismer. Ezért nem tudott Krisztusban élni, az élő Istennel találkozni, és az Ő válaszait megkapni.

A késői cselekedeteinknek nagyszerűbbeknek kell lenniük, mint a koraiaknak, és ugyanakkor azokat a cselekedeteket is fel kell mutatnunk, amelyek az igazság és valódi hit jegyében születnek, és amelyeket Isten el tud ismerni.

AZ ÚR MEGFEDDI A THIATIRAI GYÜLEKEZETET

De van valami kevés [panasz]om ellened, mert megengeded amaz asszonynak, Jézabelnek, a ki magát prófétának mondja, hogy tanítson és elhitesse az én szolgáimat, hogy paráználkodjanak és a bálványáldozatokból egyenek. Adtam néki időt is, hogy megtérjen az ő paráználkodásából; és nem tért meg. Íme én ágyba vetem őt, és azokat, a kik vele paráználkodnak, nagy nyomorúságba, ha meg nem térnek az ő cselekedeteikből. És az ő fiait megölöm halállal; és megtudják a gyülekezetek mind, hogy én vagyok a vesék és szívek vizsgálója; és mindeniteknek megfizetek a ti cselekedeteitek szerint. (Jelenések könyve 2:20-23).

A thiatira gyülekezet húsbeli buzgósággal és hűséggel élt, de nem voltak elég szorgalmasak a szívük körülmetélésében. Ezért követték el a hibát: megették az ételt, amit a bálványoknak áldoztak fel, és egy olyan hamis prófétaasszony, mint Jézabel, becsapta őket. Ezért az Úr megfeddte őket.

A thiatirai gyülekezet elfogadta Jézabelt, aki egy önjelölt prófétanő volt

Jézabel a szidóniai király lánya volt, és az i.e. kilencedik században élt. Férjhez ment Ahábhoz, Izrael királyához. Amikor Ahábhoz férjhez ment, az országa bálványait bevezette Izraelbe, és később Aháb a király, valamint a beosztottjai is a bálványimádás szégyenfoltjait viselték magukon.

Bár Isten embere, Éliás, tüzet hozott a mennyországból és esővé változtatta azt Isten csodálatos hatalma által, Jézabel nem mutatott bűnbánatot, hanem megpróbálta megölni Éliást. Sok gonosz dolgot elkövetett, és Aháb királyt is megkörnyékezte a gonosz terveivel. Jézabel gonoszságot gonoszságra halmozott, végül nyomorult halált, halt, ahogy azt Éliás megjósolta.

Aháb királyt Isten is megátkozta, és a harcmezőn nyomorult halált halt.

Izrael is sok szerencsétlenséget elszenvedett Jézabel miatt. Három és fél évig azért nem esett, mert Isten elfordította az Arcát tőlük, mivel Jézabel bűne megfoltozta őket (1 Királyok 17:1; Jakab 5:17).

A thiatirai gyülekezet tolerálta Jezábel bűnének forrását a

templomban, ezért a bűn befoltozta őket.

A 2 Korinthusiakhoz 6:14-16 ezt tartalmazza: "Ne legyetek hitetlenekkel felemás igában; mert mi szövetsége van igazságnak és hamisságnak? vagy mi közössége a világosságnak a sötétséggel? És mi egyezsége Krisztusnak Béliállal? vagy mi köze hívőnek hitetlenhez? Vagy mi egyezése Isten templomának bálványokkal? Mert ti az élő Istennek temploma vagytok, a mint az Isten mondotta: Lakozom bennök és közöttük járok; és leszek nékik Istenök, és ők én népem lesznek."

A Bibliában Isten számos alkalommal azt szeretné a gyerekeitől, hogy ne legyenek gonosz emberekhez kötve. Továbbá, nem szabad tolerálnunk a világ folyását sem. Nem szabad tolerálnunk, hogy a hamisság kísértsen bennünket.

Amikor együtt vagyunk azokkal, akik Isten ellen vannak, például a házasságunkban vagy vállalkozásunkban, megpróbáltatások és gondok várnak ránk. Függetlenül attól, hogy milyen erősen próbáljuk, ha együtt kell lennünk azokkal, akik Isten akarata ellen vannak, a hitünk is akadályozva lesz, és a világ minket is megkísért.

Amikor két ökör húz egy jármot, és egyikük félreáll, és nem dolgozik, nem húz, nem lehet az az irány, ahová eredetileg akart menni. Hasonlóan, ha azokhoz kötjük magunkat, akik Isten előtt nem elismertek, a spirituális növekedésünk bajba kerül, és nehéz lesz áldásokat kapnunk.

Nem szabad feltétel nélkül bárki kerülnünk az otthonunkban vagy a munkahelyünkön azért, mert nem hisz az Úrban, azonban biztos, hogy nem szabad eltűrnünk olyan embereket, mint Jézabel, és nem szabad ezekhez kötnünk magunkat.

Thiatira gyülekezetét megfeddte Isten azért, mert a bálványoknak szentelt ételekből ettek

Az Úr megfeddte a gyülekezetet, amiért olyan nőket, mint Jézabel, aki prófétanőnek hívta magát, eltűrtek maguk mellett, és halhatatlansági cselekedeteket követtek el, és a bálványoknak szentelt dolgokat ettek.

Itt "bálványoknak áldozott dolgokat enni" nem csak a szó szerinti értelmet jelenti. Inkább egy figyelmeztetés azzal kapcsolatban, hogy a bálványoknak ajánlott ételek elfogyasztása milyen sok gonosz cselekedettel járt. Még a bálványimádók halhatatlansági cselekedeteiben is részt vettek. Ez volt a komolyabb gond.

A 15. fejezetben azt látjuk, hogy az apostolok és a vének arra utasították a pogányokat, akik elfogadták az evangéliumot, hogy tartsák magukat távol azoktól a dolgoktól, amelyeket a pogányoknak ajánlottak fel, valamint a vértől, a visszafojtott dolgoktól és a paráználkodástól.

Abban az időben a zsidók nagyon szigorú szabályok szerint tartották be a Törvényt. Nem volt számukra nehéz visszatartani magukat azoktól a dolgoktól, amelyeket Isten megtiltott nekik. Azonban a pogányok számára nem egyszerű a Törvény megtartása. Amikor az apostolokkal találkoztak, amellett döntöttek, hogy a pogány hívőknek bizonyos szabadságot adnak, kivéve egy pár dolgot.

Azért kellett tartózkodniuk a bálványoknak felajánlott dolgoktól, mert azok beszennyeződtek a bálványimádattól, meg annak a további bűneitől, és attól, hogy túl közel kerültek a bálványoknak felajánlott dolgokhoz. 1 Timóteushoz 4:4 ezt tartalmazza: "Mert Istennek minden teremtett állata jó, és semmi sem megvetendő, ha hálaadással élnek azzal."

Ezért, nem ítélkezhetünk, mondva, hogy a bálványoknak felajánlott étel megevése önmagában bűn, hacsak nem veszünk részt a rítusokban, amelyekben a bálványokat imádják. Bár az étel a bálványok előtt volt, semmi baj nem lesz belőle, feltéve, hogy hittel esszük meg azt.

Azonban az 1 Korinthusi 8:7 ezt tartalmazza: "De nem mindenkiben van meg ez az ismeret; sőt némelyek a bálvány felől való lelkiismeretök szerint mind mai napig mint bálványáldozatot eszik, és az ő lelkiismeretök, mivelhogy erőtelen, megfertőztetik." Más szavakkal, ha valaki, aki nem elég bátor a hitben, olyan ételt eszik, amelyet a bálványoknak ajánlottak fel, a lelkiismerete le lesz győzve, hiszen olyant cselekszik, amiről tudja, hogy bűn.

Továbbá, az 1 Korinthusi 8:10 ezt tartalmazza: "Mert ha valaki meglát téged, a kinek ismereted van, hogy a bálványtemplomnál vendégeskedel, annak lelkiismerete, mivelhogy erőtelen, nem arra indíttatik-é, hogy megegye a bálványáldozatot?" Ha valaki, akinek a hite nagyon gyenge, meglát egy másik személyt, akiről egyébként azt gondolja, hogy erős a hite, hogy egy bálvány templomában eszik, lehet, hogy azt gondolja: elfogadható a bálványoknak felajánlott ételből fogyasztani. Ha ezt diszkréció nélkül teszi, nagyobb bűnt követhet el vele.

Ezért, ha olyan erős is a hitünk, hogy ehetünk a bálványoknak felajánlott ételből, ha ezzel azt okozzuk, hogy a gyenge hitűek megbotlanak, akkor jobb, ha nem eszünk az ételből.

A halhatatlanság spirituális jelentése, és a bálványoknak ajánlott dolgok

Az erkölcstelenség cselekedetei, valamint a bálványoknak felajánlott ételből való fogyasztás nem csak a fizikai cselekedetekre utalnak. Spirituális értelemben, amikor Isten gyermekei valamit jobban szeretnek, mint Istent, vagy olyan bálványokat imádnak, amelyeket Isten utál, ez spirituális erkölcstelenségnek számít.

Az is igaz, hogy amikor olyan emberekkel vannak együtt, akik a hívőket a világi dolgok követésébe kísértik bele, és hogy a hamisságot kövessék, és részt vesznek ezek cselekedeteiben, ez ugyanaz, mint a bálványoknak felajánlott dolgok elfogyasztása. Amikor a thiatirai gyülekezet megtűrte maga mellett Jézabelt, a spirituális halhatatlanságot és bálványimádást is megtűrték a templomban, és ezért végül az Úr megfeddte őket.

Thiatira városában számos mesterségnek volt céhe, és ezen céhek tevékenysége során az emberek, a gyülekezeti tagok nagyon nagy kísértésnek voltak kitéve, hogy bálványokat imádjanak. A munkatársaik vagy a munkásaik bálványokat imádtak, az üzletük fennmaradása és virágzása érdekében. Ha a gyülekezeti tagok nem vettek részt ezekben, lehet, hogy kiutálták, vagy üldözték őket. Tegyük fel, hogy egy ember, aki Krisztusban testvérnek hívja magát, odajön hozzájuk, és megkísérti őket, amikor megtudja, hogy nagyon szenvednek.

"A szívedben nem hiszel abban a bálványban. Ha lehajolsz a bálvány előtt, minden rendben lesz. Ne légy egyedül a cselekedeteddel. Isten a szeretet."

"Ha továbbra is makacsul így cselekszel, és megszeged a békét a szomszédaiddal, lehet, hogy furcsán néz ki, és nem szolgálja Isten dicsőségét, és lehet, hogy senkit sem tudsz majd az evangélium útjára vezetni. Annak érdekében, hogy az embereket az evangélium útjára irányítsuk, nem gondolod, hogy bölcs lenne letérdelned a bálvány előtt, csak erre a kis időre?"

Tudva, hogy ez nem az igazság, mégis, néhányan megmagyarázzák maguknak, és még másokat is kísértésbe vezetnek, mint Jézabel tette. Mi van akkor, ha ezek az emberek templomi vezetők, vagy lelkészek?

Ha valaki direkt módon ezt mondaná nekünk: "Legyünk Isten ellen. Tegyünk gonoszságokat," ha egy kicsi kis hitünk is lenne, nagyon figyelnénk, és megpróbálnánk magunkat távol tartani tőle. Azonban, amikor egy személy megvallja az Istenhitét, és ezt mondja: "Istennel kommunikálok. Próféta vagyok, és Isten szolgája," a kishitűeket becsapja ezzel.

Ha valóban Isten prófétája, akkor ennek a bizonyítékával rendelkeznie kell. A fény gyümölcse és a Szentlélek gyümölcse, mint jóság, szeretet, önfeláldozás, kedvesség, mind az övé kell hogy legyen. Mindenekelőtt meg kell hogy legyen a tekintélye, valamint Isten erőteljes munkái kell hogy kövessék, amelyek azért nyilvánulnak meg, hogy megmutassák: Isten biztosítja őt.

Azok, akiket a Szentlélek munkái irányítanak, felismernek egy igazi prófétát a gyümölcsei által, akkor is, ha ő nem nevezi magát prófétának. Ellenkezőleg, ha egy hamis próféta hívja magát annak, mint ahogy Jézabel tette, ha az igazság oldaláról szemléljük őt, az igazi identitása kiderül.

5 Mózes 18:22 ezt tartalmazza: "Ha a próféta az Úr nevében szól, és nem lesz meg, és nem teljesedik be a dolog: ez az a szó,

a melyet nem az Úr szólott; elbizakodottságból mondotta azt a próféta; ne félj attól!"

Az ok, amiért nem szabad hamis prófétákat elfogadnunk

Egy olyan próféta, aki annak hívja magát, és másokat meggyanúsít, gonoszságokat beszél, ítélkezik, a saját előnyét keresi és hazudik, valamint rossz kapcsolatot okoz az emberek között, hamis próféta. A hamis próféta gondot hoz a gyülekezetre és annak tagjaira a sok becsapással, trükkel.

Nem arra vezeti az embereket, hogy szeressék Istent. Inkább világi és húsbeli dolgokat ültet el beléjük, és azt okozza, hogy a hús útjain őt kövessék.

Ha ilyen emberrel azonosulunk, a hamisság befoltoz bennünket, és még észre sem vesszük. Ezért, egy gyülekezetnek soha nem szabad olyan egyéneket megtűrni, mint Jézabel, és soha nem szabad kísértbe esniük, és egy hamis prófétával bűnözniük.

Természetesen, ha egy bárány nem engedelmeskedik, és bajt hoz magára azzal, hogy prófétának nevezi saját magát, egy igaz pásztornak tűrnie kell, és a nyáját továbbra is szeretettel kell vezetnie.

Tudnunk kell azonban, hogy a Sátán zsinagógájának a megtűrése nem szeretet. Az sem, ha egy olyan személyt tűrnek meg, amilyen Jézabel volt, aki arra kísérti a hívőket, hogy a halál útjára térjenek, és az sem szeretet, ha megengedik neki, hogy szabadon dolgozhasson a gyülekezetben.

Máté evangéliumának 18:15-17 versei megmagyarázzák: hogyan bánjunk azokkal, akik ilyen gondot okoznak a gyülekezetben.

Ha pedig a te atyádfia vétkezik ellened, menj el és dorgáld meg őt négy szem között: ha hallgat rád, megnyerted a te atyádfiát; Ha pedig nem hallgat rád, végy magad mellé még egyet vagy kettőt, hogy két vagy három tanú vallomásával erősíttessék minden szó. Ha azokra nem hallgat, mondd meg a gyülekezetnek; ha a gyülekezetre sem hallgat, legyen előtted olyan, mint a pogány és a vámszedő.

A fentieket kell követnünk. Amikor bűnbánatot tart, meg kell bocsájtanunk neki, és meg kell bocsájtanunk a múltbeli bűneit is. Azonban, ha nem tart bűnbánatot, és nem tér meg, hanem végig kitart, nem szabad megengednünk neki, hogy zavarja a gyülekezetet, és Isten dicsőségét megakadályozza.

Ugyanakkor azonban, az Úr szívével kell ezt tennünk, aki nem tör el egy gyenge nádat, és nem olt el egy pislákoló kanócot sem.

Isten lehetőséget ad a megbánásra

Amikor egy ember bűnözik, és Isten színe előtt hibázik, a büntetése nem azonnal érkezik. Vagy a pódiumról prédikált igével, vagy a Szentlélek munkája által, Isten lehetőséget ad neki, hogy rájöjjön a bűnére, megbánja azt, és megtérjen.

Azonban, bár lehetőséget kap arra, hogy rájöjjön a bűnére, ha a szíve még kemény, és nem tér meg, a Sátán vádja által egy büntetést fog kapni fentről. Könnyebb büntetést kap először. Ha most sem tér meg, súlyosabb és súlyosabb büntetések várnak rá.

Ez volt a helyzet a Tíz Csapással is, amely az Exodus idején érte Egyiptomot. Először a Nílus vérré változott, így az emberek nem tudtak inni, majd a békák csapása következett, amelyek mindenhová eljutottak, még az ételes edényekbe is.

Bár ezek a csapások lehangolóak és kínzóak voltak, a hatásuk nem volt annyira fatális, hogy ne lehetett volna helyrehozni. Jó lett volna, ha a Fáraó megtért volna, de amikor a csapásokat visszavonták, folyamatosan ellenszegült Isten akaratával, így egyre nyomorultabb csapásokkal kellett szembenéznie.

Aztán ott volt a sebek és a pestis csapása. Szembe kellett néznie a jeges eső és a szúnyogok csapásával is. Végzetes pénzügyi nehézségei keletkeztek.

Azonban ő nem tért meg. Végül Egyiptom összes elsőszülöttét megölték, beleértve a Fáraó elsőszülött fiát, a beosztottait, rabszolgáit, még a marhákat is. Azonban a Fáraó még mindig nem tért meg, és a Vörös-tenger maga alá temette őt.

A Példabeszédek 3:11 ezt tartalmazza: "Az Úrnak fenyítését fiam, ne útáld meg, se meg ne únd az ő dorgálását." Amikor Isten gyermekei elkerülik Isten akaratát, a Szentlélek gyászol. Elveszítik a szívük békéjét, és a szívük szomorú lesz.

Isten számos jelet küld nekik, hogy rá tudjanak jönni erre. Azonban, ha még most sem jönnek rá, Isten büntetést küld rájuk. Megsérülnek, megbetegednek, vagy balesetet szenvednek. Lehet, hogy a családjukban vagy a vállalkozásukban lesz gondjuk.

Mivel Isten gyermekei vagyunk, Isten megfenyít bennünket, ha az igazságtól messze vagyunk, hogy a megfelelő módon járjunk. Ha a bűn elkövetése után nincs büntetés, azt jelenti, hogy semmi közünk nincs Istenhez. Ez valóban félelmetesebb dolog, mint a büntetés (A zsidókhoz írt levél 12:8).

Ezért, ha a saját bűnünk miatt büntetnek meg bennünket, nem szabad lekonyulnunk, vagy feladnunk a harcot, hanem a szívünk mélyéről, hálával el kell fogadnunk, és meg kell térnünk, amilyen gyorsan csak lehet. Ekkor a kegyelem Istene meg fog bocsájtani nekünk. Megment a megpróbáltatásoktól, valamint a csapásoktól, és megengedi, hogy az Ő békéjében és védelme alatt éljünk újra.

Ha nem használjuk ki a megtérés lehetőségét

Ha nem térünk meg, még akkor sem, ha Isten lehetőséget ad nekünk, hogy büntetés által megbánást tanúsítsunk, le fogjuk aratni, amit ezen a földön elvetettünk. Az utolsó napon örök halálra ítélnek bennünket.

Thiatira gyülekezetének szintén lehetősége lett volna megtérni, de nem tették meg, és nagyon komoly próbáknak kellett alávetniük magukat. Az Úr figyelmezteti őket, mondván: "És lesznek [ezek] élet a te lelkednek, és kedvesség a te nyakadnak." (v. 22).

Általában beszélve, egy ágy kényelmes, és azt váltja ki az emberekből, hogy le akarjanak feküdni rá, hogy pihenjenek. Spirituális értelemben azonban, ez az ágy az a hely, ahol Jézabel megvetendő dolgokat művelt. Ezt a helyet Isten utálja, és figyelmen kívül hagyja. Ezért, a kifejezés: "betegágyra feküdve" azt jelenti, hogy az Úr dühös lesz azokra, akik nem térnek meg, bár meg van adva a lehetőség, hogy ezt megtegyék. Az Úr szörnyű szerencsétlenség helyzetébe dobja őket.

Néha a gonoszok látszólag élvezik a gazdagságukat, mivel a büntetés vagy nyomorúság nem azonnal jön rájuk. Vannak, akik ezt mondják: "Ha Isten valóban él, hogy hagyhat egy ilyen gonosz embert magára? – és panaszkodnak.

Azonban a Zsoltárok 37:1-2 ezt tartalmazza: "Ne bosszankodjál az elvetemültekre, ne irígykedjél a gonosztevőkre. Mert hirtelen levágattatnak, mint a fű, s mint a gyönge növény elfonnyadnak." A 37:10 Zsoltár ezt tartalmazza: "Egy kevés [idő] még és nincs gonosz; nézed a helyét és nincsen ott."

Ahogy látjuk, még ha virágzónak tűnnek is a gonosztevők egy ideig, és úgy tűnik, hogy kényelmesen vannak, mintha ágyon feküdnének, amint átlépik az igazságosság határát, azonnal szembe kell nézniük az ítélettel.

Néha, úgy tűnik, hogy az ítélet elmarad. És békés életet élnek az életük során. Azonban végül az örök halál tüzére jutnak a pokolban. Nem állíthatjuk, hogy virágzóak lennének.

Jézabel ágya lehet, hogy nem tűnik kényelmesnek azoknak, akik nem jönnek rá erre, és így lehet, hogy kísértésbe esnek, és együtt bűnöznek. Az ilyen embereknek az Úr ezt mondja: "Íme én ágyba vetem őt, és azokat, a kik vele paráználkodnak, nagy nyomorúságba, ha meg nem térnek az ő cselekedeteikből."

Mit jelent a "nagy nyomorúság" itt? Vagy a végső büntetést, hogy nem üdvözülünk, és a pokolba hullunk, vagy azok számára, akik látják az Úr eljövetelét, a hét évnyi Nagy Csapás elviselését jelenti.

Isten az igazság szerint ítélkezik

Van az az eset, amikor valakinek a bűne nem csak egy személyre szabott nyomorúságot hoz, hanem egy olyat, amelynek a következményei sokkal nagyobbak.

Lehet, hogy egy teljes országot megbüntetnek, mert az ország feje bűnözött. Másodszor: egy teljes gyülekezet nyomorúságba dőlhet a lelkipásztor miatt, aki a gyülekezet feje, és nem áll megfelelően Isten előtt. Harmadszor, egy család is nyomorúságba dőlhet, ha egyikük bűnt követ el.

Jézabel esete mindhárom esetre vonatkozik. Jézabel olyan volt, mint egy ország anyja. Megkísértette a férjét, a királyt, valamint az embereket is, hogy bűnözzenek. A bálványimádókat vallási vezetőkként állította be. Ezért az egész országnak el kellett viselnie a két és fél éves szárazságot, mint büntetést. Maga Jézabel tragikus és szörnyű halált halt.

Innen láthatjuk, hogy a háború vagy komoly nyomorúság nem véletlenül tör egy országra, hanem mind az igazság törvénye által. A munkahelyen és a templomban is ugyanígy van.

Ezért, emlékeznünk kell, hogy minél magasabb a pozíciónk, annál több felelősséget kell elfogadnunk, a világban és a templomban is. Amikor a fej éber és imádkozik, a test virágzik. Ha van is megpróbáltatás, hamar elmúlik.

Mivel Isten mindenkinek a szíve mélyét fürkészi az Ő égő szemeivel, senki nem tudja becsapni Őt. Az olyan emberek, mint Jézabel, valamint azok, akik a cselekedeteiben részt vesznek, biztosan igazságot nyernek az ítéletben.

A 23. versben az Úr ezt mondja: "És az ő fiait megölöm

halállal; és megtudják a gyülekezetek mind, hogy én vagyok a vesék és szívek vizsgálója; és mindeniteknek megfizetek a ti cselekedeteitek szerint."

A figyelmeztetés: "És az ő fiait megölöm" azt jelenti, hogy a büntetés vagy a nyomorúság az igazság szerint fog bekövetkezni. Nem jelenti azt mindig, hogy büntetés vagy nyomorúság jön a gyerekekre.

Egy ember személyes bűne eredményeként, egy másik családtag, mint a feleség vagy a férj csapást szenved a pénzügyi nehézség vagy a betegség formájában. Isten igazsága ily módon megjelenik, és mindenki világosan látni fogja, hogy Isten nem csak a cselekedeteket, hanem az elmét, akaratot és a szívet is megvizsgálja.

Természetesen, mielőtt a próbák megtörténtek, Isten megengedi a számunkra, hogy különböző módszerek segítségével rájöjjünk a hibáinkra. A prédikált üzenetekkel, vagy váratlan emberekkel vagy módokkal a tudtunkra adja, amit szeretne.

Amíg van spirituális hallásunk, hogy maghalljuk Őt, érezhetjük, hogy megvizsgálja a szívünket és az elménket, és még a legkisebb dolgokban is közbelép az érdekünkben. A Példabeszédek 15:3 ezt tartalmazza: "Minden helyeken [vannak] az Úrnak szemei, nézvén a jókat és gonoszokat," és a Zsoltárok 139:3 ezt mondja: "Járásomra és fekvésemre ügyelsz, minden útamat jól tudod."

A mindenható Isten nem csak a szavait és cselekedeteit ismeri mindenkinek, hanem a szívét is. A szív legmélyét is ismeri. Egyetlen nézést sem rejthetünk el előtte az arcunkon, amely valaki más elleni neheztelésünket rejti. Még egy kis jó cselekedet is, amelyet titokban hajtottunk végre, világosan fel fog tárulni az Ítélet Napján.

Ezért, figyelnünk kell Isten szavára, aki a szívünket figyeli, és ébernek kell lennünk, hogy ne kövessük Jézabel tanításait.

AZ ÚR TANÁCSA ÉS ÍGÉRETE A THIATIRAI GYÜLEKEZET SZÁMÁRA

Néktek pedig azt mondom és mind a többi Thiatirabelieknek is, a kiknél nincsen e tudomány, és a kik nem ismerik a Sátán mélységeit, a mint ők nevezik: nem vetek reátok más terhet, Hanem a mi nálatok van, azt tartsátok meg addig, míg eljövök. És a ki győz, és a ki mindvégig megőrzi az én cselekedeteimet, annak hatalmat adok a pogányokon; És uralkodik rajtuk vasvesszővel, mint a fazekas edényei széttöretnek; a miképen én is vettem az én Atyámtól: És adom annak a hajnalcsillagot. A kinek van füle, hallja, mit mond a Lélek a gyülekezeteknek. (Jelenések 2:24-29).

Isten az igazság Istene, aki a cselekedetek szerint fizet vissza mindenkit. Ugyanakkor, Ő a szeretet Istene is, aki hosszan tűr. 2 Péter 3:9 ezt tartalmazza: "Nem késik el az ígérettel az

Úr, mint némelyek késedelemnek tartják; hanem hosszan tűr érettünk, nem akarván, hogy némelyek elveszszenek, hanem hogy mindenki megtérésre jusson."

Isten szíve található az Úr thiatiraiaknak adott tanácsában is. Az Úr nem hagyta el a thiatirai gyülekezetet, amely nem bánta meg bűneit, hanem újra tanácsot adott nekik.

A thiatirai gyülekezet, amely nem bánta meg a bűneit

Thiatira gyülekezetében "a többi Thiatirabelieknek is, a kiknél nincs e tudomány" azokra utal, akik új hívők, és nem élnek Isten szava szerint még. Szorgalmasan hallgatják Isten szavát, azonban a hitük nem elég erős ahhoz, hogy az Igét megtartsák.

Az Úr azt mondja, hogy nem ismerték meg a Sátán mély dolgait. Mai értelemben azokra utal, akik bálványimádó vallást követnek, de nem jönnek rá, hogy a Sátán munkája ez.

Minden országnak vannak törvényei és szabályai. Amíg ezeket megtartják, minden rendben van. Azonban, ha nem ismerik őket, megszegik őket, és meg lesznek büntetve. Ugyanez vonatkozik a spirituális birodalomra is. Ha nem ismerjük Isten törvényét, a Sátán kísértésébe eshetünk, és megszeghetjük Isten törvényét.

Az árral kapcsolatban: meg fognak büntetni bennünket.

Azonban, bár ugyanazt a bűnt követjük el, attól függően, hogy milyen szintű a hitünk, a büntetésünk különböző lesz. Például, amikor egy kezdő és egy komoly hittel rendelkező ember megszegi a Szabbathot, az Úr napját, a bűnük súlyossága különbözőnek minősül.

Amikor egy hívő ember ítélkezik mások felett és pletykál, teljesen más, mintha egy új hívő tenné ezt, mert ő még nem ismeri az igazságot. Egy hívő ember tudni fogja, hogy nagy bűn mások felett ítélkezni és róluk pletykálni, mert az ilyen helyzetekben ő maga lesz a bíró. Azonban ha most is elkövet ilyen bűnöket, annál jobban meg fogja vádolni őt a Sátán.

Hasonlóan, a spirituális birodalom mélységei különbözőek, és a mélységtől függően, a Sátán munkája is változik. Azonban az új hívők nem ismerik a szellem ilyen mély rétegeit. Ezért mondja azt az Úr, hogy nem ismerik a Sátán mély dolgait.

Miért nem tart bűnbánatot a thiatirai gyülekezet?

A thiatirai gyülekezet tagjai a hit alacsonyabb szintjein voltak, és nem ismerték a Sátán mély dolgait. A spirituális szemük csukva volt. Hallották az igét, de nem tudták megemészteni. Nem volt erejük gyakorolni azt. Ezért még mindig szerették a világot, bár azt vallották, hogy szeretik Istent. Nem helyezték maguk mögé a régi énüket, hanem a sötétséggel kompromisszumot kötöttek.

Amikor összehasonlítjuk az ember fizikai fejlődésének a fázisaival, olyanok, mint egy bébi, akinek még mindig tejet és zabkását adnak. Ezért mondja ezt az Úr a thiatirai gyülekezetnek: "nem vetek reátok más terhet" (24. vers) "Hanem a mi nálatok van, azt tartsátok meg addig, míg eljövök." (25. vers).

Az Úr nem kéri tőlük, hogy érjenek el egy mélyebb spirituális szintet, mint amilyen a szentesülés és az isteni hatalom megszerzése. Azt mondja nekik, szorosan kapaszkodjanak abba, amijük van jelenleg, a hitük jelenlegi szintjébe, hogy elérhessék az üdvösséget (1 Korinthusiak 3:1-2). Nem szabad félreértenünk azonban, és azt gondolnunk, hogy a jelenlegi szintet kell csak tartanunk. Ha ellustulunk, és azt gondoljuk: "Rendben van most. Pihenni fogok," olyan, mintha egy, a folyó folyásával ellentétes irányban haladó csónakon abbahagynánk az evezést.

Főleg, mivel nagyon közel vagyunk a végső időhöz, ha lusta gondolatunk támad, és csak a mindenkori szintünket akarjuk fenntartani a hitünk tekintetében, tudnunk kell, hogy drasztikus visszaeséssel fog járni.

Az Úr ígérete a thiatirai gyülekezetnek

Az Úr tanácsot adott a thiatirai gyülekezet számára, akiknek a hite olyan volt, mint a kisgyerekeké. Ekkor ígéretet is tett nekik. Ezt mondta: "És a ki győz, és a ki mindvégig megőrzi az én cselekedeteimet, annak hatalmat adok a pogányokon;" (26. vers).

Először: "aki győz" arra vonatkozik, hogy a hamisságot, gonoszságot és sötétséget legyőzzük, és az Úr szava szerint élünk, megtartva azt mindig.

Következőleg: a "cselekedeteim" az Úr munkáira vonatkoznak. Az Ő cselekedeteinek megtartása azt jelenti, hogy engedelmeskedünk az Úr szavának, ahogy Jézus is tette, és Isten királyságát kiszélesítjük azzal, hogy több lelket megmentünk.

Az Úr ezt mondja: "annak hatalmat adok a pogányokon." Ez azt jelenti, hogy a gonosz és az ellenséges Sátán fölött uralkodunk, amelyek viszont a föld nemzetei fölött uralkodnak. Miután Isten megalkotta a mennyet és a földet, valamint az első embert, Ádámot, megadta neki a hatalmat, hogy minden fölött uralkodjon a földön (Genezis 1:28). Azonban Ádámot megkísértette a Sátán, hogy Istennek ellenálljon, ezért Ádám hatalma az ellenséges ördög kezébe került.

Természetesen ez a tekintély csak ideiglenesen van a Sátánnál, az emberi művelés idejére. Nem alkalmazható azokra közülünk, akik hiszünk az Úrban, és Isten gyermekeivé váltunk.

Azonban Jézus eljött erre a világra. Keresztre feszítették, és a vére kiontatott. Amikor a temetése után harmadnap feltámadt, megtörte a halál tekintélyét. Megmentett bennünket a gonosz tekintélyétől. Mivel azok, akik elfogadják Jézus Krisztust

Megmentőjükként, megkapják a jogot, hogy Isten gyermekeivé váljanak, felkenik őket Isten gyermekeiként, és megszabadulnak a gonosztól (János 1:12).

És mivel Isten gyermekeivé válnak, nem lesznek a sötétség barátai, amely az ellenséges ördög tekintélye alatt áll, hanem az Isten szava szerint élnek, amely a fényhez tartozik. Ez azért van, hogy győzzenek, és az Úr cselekedeteit betartsák, ahogy fennebb láttuk.

Azonban a gonosz, minden lehetséges módon, megakadályoz bennünket, hogy a világosságban élhessünk, azért, hogy a világban éljünk újra. A gonosz mindannyiunkba kételyt ültet, hogy ne legyen hitünk. Azt okozza, hogy a világot jobban szeressük, mint Istent, ezért számos módon megakadályoz bennünket.

Azonban, amint a gonoszt elkergettük magunktól, és az ige szerint élünk, egyre jobban képesek leszünk a gonoszt legyőzni.

Minél teljesebben élünk az ige szerint, annál több hatalom és tekintély jár nekünk fentről. Ekkor könnyedén fogunk az ellenséges ördögön és a Sátánon uralkodni, aki a világ ura. Amint teljes mértékben az ige szerint élünk, a gonoszság minden formáját kiküszöböljük, és elérjük a szentesülést, a gonosz emberek nem lesznek képesek hozzánk érni (1 János 5:18).

Azok az esetek, amelyeket Isten elbírál

Azok, akik vereséget szenvednek a sötétség urával szemben, a gonosz hatalma alatt maradnak. Főleg, ha a nikolaitánok, Bálaám-beliek, vagy Jézabel cselekedeteit követik, az ellenséges Sátán rabszolgái maradnak. És a félelmetes ítélettel kell hogy szembenézzenek. Ezt mondja az Úr a Jelenések 2:27-ben.

Az Úr ezt mondja ebben a versben: "És uralkodik rajtuk vasvesszővel, mint a fazekas edényei széttöretnek; a miképen én is vettem az én Atyámtól."

Itt, a vasrúd egy vasgerendára vagy vasdrótra vonatkozik. Ha egy ilyen vasdarabbal összetörjük az agyagedényeket, azok darabokra törnek. Ezért, az "uralkodik rajtuk vasvesszővel, mint a fazekas edényei széttöretnek" Isten tekintélyére vonatkozik, aki ítélkezik.

Eredetileg az első ember, akit Isten megteremtett egy élő szellem volt. Egy nemes élőlény volt. Egy olyan szellemi lény volt, aki Isten képére teremtődött. Azonban a lelke meghalt, mert bűnözött, és a hús emberévé vált, akit a lélek ellenőrzött. Azonban, mivel a lelke meghalt a bűn miatt, a hús emberévé vált, amely a lélek irányítása alatt áll. Semmi más nem lett belőle, mint egy agyagedény. Ezért, "az edények összetörése" azt jelenti, hogy összetöri azokat, akik nem élnek Isten szava szerint. Azok, akik a Sátánhoz tartoznak, végül elhagyják őket.

Ahogy látjuk megírva a János 12:48-ban: "A ki megvet engem és nem veszi be az én beszédeimet, van annak, a ki őt kárhoztassa: a beszéd, a melyet szólottam, az kárhoztatja azt az utolsó napon," azok fölött, akik nem kapták meg az Isten szavát, az utolsó napon ítélkeznek fölöttük az Isten szava szerint.

Azonban azok, akik Isten szavát a szívükben hordják, győzedelmeskednek, megtartják az Úr cselekedeteit, megkapják a fény tekintélyét, amely megtöri az ellenséges ördög tekintélyét. Ahogy az Úr mondja: "a miképen én is vettem az én Atyámtól" – megkapjuk a tekintélyt mi is.

Az Úr ezt is mondja nekik: "És adom annak a hajnalcsillagot." A hajnalcsillag a legfényesebb csillag, és az Úrra vonatkozik. A Jelenések 22:16 ezt tartalmazza: "Én Jézus küldöttem az én angyalomat, hogy ezekről bizonyságot tegyen néktek a gyülekezetekben. Én vagyok Dávidnak ama gyökere és ága: ama fényes és hajnali csillag."

Ezért, "ama fényes hajnali csillag" azt jelenti: ahogy Isten szereti és elismeri az Urat, fiaként el fogja ismerni és szeretni fogja azokat, akik az ige szerint élnek, és legyőzik a Sátánt.

Ha hiszünk az Úrban, a gonoszság minden formáját eldobjuk magunktól, és szorgalmasan élünk az Úr szava szerint, a jellemünk egy idő után emlékeztetni fog az Úrra, és a szellem embereivé válunk. Szentek és tökéletesek leszünk, mint Jézus Krisztus, Isten fia, és elismernek bennünket Isten fiaiként.

Függetlenül attól: hányszor valljuk meg, hogy hiszünk az Úrban, ha nem az ige szerint élünk, és a gonosznak behódolunk, nem kaphatjuk meg a hajnalcsillagot. Nem ismernek el bennünket, mint Isten gyermekét, és végül nem üdvözülhetünk.

A szeretet Istene azt szeretné, ha mindenki üdvözülne

Isten visszafizet nekünk minden cselekedetünkért, az igazságnak megfelelően. Abban az esetben, ha hibás eszmét vagy ideológiát követünk, nem tudva, hogy a Sátán csapdájáról van szó, Isten nem fog terhet rakni ránk, ha rájövünk, megtérünk, és elfordulunk a bűneinktől. Azonban, ha a Sátán útját követjük, de úgy, hogy tudunk is erről, lesz megtorlás, még akkor is, ha alaposan megbánjuk a bűneinket, és megtérünk. Nem igaz, hogy a bűnökkel járó gondok egyből teljesen megoldódnak, ha az Úrban hiszünk. Annak megfelelően lesznek megtorlások, hogy mit tettünk a múltban. Természetesen ez Isten szeretete is, amellyel tökéletesebbé tesz bennünket, és jobb dolgokat ad nekünk.

Ezért, az Úr visszatéréséig futnunk kell a pályánkon, hogy ne veszítsük el az üdvösség lehetőségét. Isten az igazsággal tanít bennünket, hogy még eggyel több személyt megmentsen, hogy üdvözülhessen. Őszintén kijelenti az igazságot azoknak, akik a rossz úton járnak.

Főleg azok esetében, akik hisznek Istenben, de a Sátán becsapja őket, és a halál útján járnak, Ő meg akarja nyitni az üdvösség útját, még komolyabb szívvel.

Miután egy gyerek megszületik, egy idő után szépen felnő. A hitben is, egyfolytában növekednünk kell. A spirituális növekedés nem csak a külső cselekedetekre vonatkozik. Azt jelenti, hogy a szívünkből kidobjuk a gonoszságot, és elérjük a szentesülést.

Bár külsőleg úgy tűnik, hogy hűségesek vagyunk, és a legjobbat tesszük, ami tőlünk telik, ha nem metéljük körül a szívünket, nem beszélhetünk egy megfelelő keresztény életről. Amikor egy bébi felnő, mind szellemileg, mind testileg fel kell hogy nőjön. Hasonlóképpen, a keresztény életünkben is, mind a külső, fizikai tettek, mind a belső, szellemi érettség tekintetében.

Thiatira gyülekezetében nem volt meg ez a belső növekedés. Egy germek szintjén voltak a hitükkel. Nem voltak képesek a mennyei királyságban történő jutalmak ígéretét megkapni. Csak az üdvösség ígéretét kapták meg.

Az Efezusiakhoz 4:13 ezt tartalmazza: "Míg eljutunk mindnyájan az Isten Fiában való hitnek és az Ő megismerésének egységére, érett férfiúságra, a Krisztus teljességével ékeskedő kornak mértékére." Állandóan növekednünk kell, hogy olyan hívőkké és gyülekezetekké váljunk, amelyek Isten kedvére vannak.

ÖTÖDIK FEJEZET

SZÁRDISZ GYÜLEKEZETE :
- Egy kis gyülekezet, olyan névvel, amely alapján élnek, de valójában halottak

Szárdisz gyülekezete szidást kapott az Úrtól, aki ezt mondta: "az a neved, hogy élsz, és halott vagy."

Megvallották a hitüket az Úrban és Istenben, de a hitük halott volt, mivel hitbeli cselekedeteket nem követtek el.

Azonban a tagok közül néhányan megpróbálták megtartani a hitüket.

A szárdiszi gyülekezetnek intézett szavak ma azoknak a gyülekezeteknek és templomoknak szólnak, amelyek meg kell hogy változtassák a halott hitüket igazzá, amelyet a hitbeli cselekedetek követnek. Azoknak is szól, akik imádkoznak, és próbálják Isten szavát gyakorolni.

Jelenések 3:1-6:

A Sárdisbeli gyülekezet angyalának is írd meg: Ezt mondja az, a kinél van az isteni hét lélek és a hét csillag: Tudom a te dolgaidat, hogy az a neved, hogy élsz, és halott vagy.

Vigyázz, és erősítsd meg a többieket, a kik haló félben vannak; mert nem találtam a te cselekedeteidet Isten előtt teljeseknek.

Megemlékezzél azért, hogyan vetted és hallottad; és tartsd meg, és térj meg. Hogyha tehát nem vigyázol, elmegyek hozzád, mint a tolvaj, és nem tudod, mely órában megyek hozzád.

De van Sárdisban egy kevés neved, azoké a kik nem fertőztették meg a ruháikat: és fehérben fognak velem járni; mert méltók [arra.] A ki győz, az fehér ruhákba öltözik; és nem törlöm ki annak nevét az élet könyvéből, és vallást teszek annak nevéről az én Atyám előtt és az ő angyalai előtt.

A kinek van füle, hallja, mit mond a Lélek a gyülekezeteknek.

AZ ÚR LEVELE A SZÁRDISZI GYÜLEKEZETNEK

A Sárdisbeli gyülekezet angyalának is írd meg: Ezt mondja az, a kinél van az isteni hét lélek és a hét csillag. (Jelenések 3:1).

Szárdisz városa gazdag volt, és a gazdagságát a textilfestészetből szerezte. Tele volt extravagáns és erkölcstelen dolgokkal, és a bálványimádás központja is volt. Egy ilyen környezetben a szárdiszi gyülekezet hite nem volt tökéletes.

Az Úrnál van Isten hét szelleme

Ezt mondja az Úrnak: "a kinél van az isteni hét lélek és a hét csillag."

A "hét csillag" Isten szíve, amely a szellem maga. Isten szíve a Bibliában van. Részletesen elmondja, hogyan legyünk Isten kedvére, és hogyan kapjunk válaszokat Tőle. A hét Szellem mutatja meg Isten szívét, és a Válaszának a feltételeit.

A "hetes" szám nem azt jelenti, hogy Isten szellemei heten vannak. Spirituális értelemben a "hét" "tökéleteset" és "teljeset" jelent. Ahogy a János 4:24 tartalmazza: "Isten lélek," Isten a lélek maga. Tehát, Isten szellemét képviseli, amely tökéletes. Isten állandóan kutatja és felügyeli a földön az emberi életeket, és ezért leküldi a hét szellemet, amely Isten szívét képviseli (Jelenések 5:6).

A hét Szellem minden ember szívét és viselkedését kikutatja. Az igazságnak megfelelően, Isten válaszokat és áldásokat küld azoknak, akik helyesek az Ő szemében. Hogy könnyebben megértsük, a hét Szellemre úgy is gondolhatunk, mint egy mérlegre, amellyel a tartalmat Isten megméri, hogy válaszokat adhasson. Amikor bizonyos termékeket megveszünk, mérlegre tesszük őket, és a súlyuknak megfelelően fizetünk. Hasonlóan, amikor válaszokat akarunk kapni, a feltételeknek meg kell felelnünk, hogy a hét Szellem mértékével megkapjuk a választ.

Mit mér meg a hét Szellem, hogy eldöntse, hogy "igen" vagy "nem" lesz a válasz? A hét Szellem a szívünket, agyunkat, és viselkedésünket méri meg pontosan, hiba nélkül, és ezeket hét területen kategorizálja.

Hét Szellem és hét csillag

Először: a hét Szellem a hitet méri.

Nem csak a húsbeli hitet méri, amely tudás csupán, hanem a spirituális hitet is, amelyet cselekedetek követnek. A spirituális hit az, amellyel úgy hisszük, hogy nincsen bennünk kétely, még akkor sem, ha valami nem egyezik meg a gondolatainkkal vagy tudásunkkal. Isten adja a spirituális hitet. Az a hit, amellyel el tudjuk hinni, hogy valamit létre lehet hozni a semmiből. Az a hit, amelyet Isten annak megfelelően ad nekünk, hogy mennyire szabadultunk meg a szívünkben lévő gonoszságtól, és mennyire értük el a szentesülést.

Másodszor: a hét Szellem az imát méri.

Azt méri, mennyire imádkozunk úgy, ahogy az Istennek megfelel. Hogy helyesek legyünk Isten akarata szerint, rendszeresen imádkoznunk kell úgy, hogy letérdelünk Isten előtt, és teljes szívünkből, tudatunkból, és erőnkből felkiáltunk. Isten nem nézi a külső megjelenésünket és képünket, hanem a belső szívünket kutatja. Tehát a teljes szívünkből kell imádkoznunk. Nem a saját kívánságunk szerint kell kérnünk bármit, hanem hittel és szeretettel kell imádkoznunk, Isten akaratát követve.

A hét Szellem harmadik mértéke az "öröm."

Ha öröm van bennünk, az azt bizonyítja, hogy hit van bennünk. Ha biztos a hitünk Istenben, és elhisszük, hogy választ fogunk kapni, bármilyen helyzetben örülni fogunk. Mivel a spirituális öröm a békességből származik, ha nem építünk egy bűnfalat Isten ellen, hanem Istennel békében élünk, az öröm nem fogja elhagyni a szívünket.

Negyedszer: a hét Szellem a köszönetünket méri.

Ha van bennünk hit, bármilyen körülmény közepette képesek leszünk hálát adni. Ha csak akkor vagyunk hálásak, amikor jól mennek a dolgaink, de panaszkodunk, amikor rosszul mennek, nem tudunk átmenni a hét Szellem próbáján. A válaszunk késni fog ekkor.

Ötödször, a hét Szellem azt méri, hogy betartjuk-e a parancsolatokat.

A Biblia sok parancsolatot tartalmaz, amelyek ezt mondják: tedd ezt, ne tedd azt, tartsuk meg ezt, dobjuk el azt. Közöttük a Tízparancsolat az összes ilyen parancsnak az összegzése. A hét Szellem azt méri meg, hogy megtartottuk-e a Tízparancsolatot. 1 János 5:3 ezt tartalmazza: "Mert az az Isten szeretete, hogy megtartjuk az ő parancsolatait; az ő parancsolatai pedig nem nehezek." Ha be akarjuk bizonyítani, hogy szeretjük Istent, be kell tartanunk a Parancsolatait.

Hatodszor: a hét Szellem a hűséget is méri.

Nem csak az Isten királysága iránti hűségről, hanem minden fajta hűségről szó van: a családban és a munkahelyen is. Természetesen, ha van hitünk, az első szempontunk az Úr munkája lesz. Nem szabad elhanyagolnunk a munkálatokat a családban vagy a munkahelyen sem. Isten minden házában hűségesnek kell lennünk.

A hűségben a legfontosabb a spirituális hűség. A szívünket körül kell metélnünk. Amikor Isten szívét megvalósítjuk, tökéletes és spirituális hűségünk lesz, és magunkat feláldozzuk, akár addig, hogy az életünket is odaadjuk.

Hetedszer: a hét Szellem a szeretetet méri.

A szeretet egy olyan kötelék, amely összeköti az előző hat megmért tényezőt egymással. Függetlenül attól, hogy milyen mértékben imádkozunk, és szolgáljuk Istent, csak akkor lesz értelme, ha igaz istenszeretettel tesszük, és a hitbeli testvéreinket is szeretjük.

A hét Szellem a hitet, imát, köszönetet, a parancsolatok betartását, hűséget, szeretetet méri, amelyek alapján el lehet dönteni, hogy mi legyen a válasz. A szükséges mérés nem egyforma mindenki számára. Az igazságnak megfelelően mérik meg őket, mindenki hite mértékétől függően.

Azaz, azok számára, akiknek a hite kevés, a mérés alapja is kevesebb lesz. Azok számára, akik hosszú ideje keresztények ugyan, és a hitük mértéke is nagyobb, az alap is nagyobb lesz.

Az Úr, akié a hét Szellem, a hét csillagot is birtokolja. Itt a "csillag" az emberre vonatkozik. A Genezis 15:5- ben Isten ezt mondta Ábrahámnak: "És kivivé őt, és monda: Tekints fel az égre, és számláld meg a csillagokat, ha azokat megszámlálhatod; - és monda nékie: Így lészen a te magod." Isten Ábrahám leszármazottjait a csillagokhoz hasonlította.

Ezért, a hét csillag Isten mindazon választottjaira vonatkozik, akiket Ő kiválasztott az Ótestamentum és Újtestamentum óta. Ők azok a szolgák, akiket Isten a mindenható kezében tart, és felhasznál az Ő királyságához. Az Úr elhozza nekünk Isten Atya szívét és akaratát, és az élő Isten munkáit megmutatja, hogy az Ő gyermekei az igazság útját tudják járni.

Az, hogy az Úrnál van "a hét csillag és a hét szellem" azt jelenti, hogy Ő mindent megkap a hét szellem által, és a hét csillag által a Gyermekeit az igazság útjára tereli.

Az egyházak, melyek olyanok, mint Sárdis gyülekezete

Szárdisz temploma meghallotta Isten szavát, és ismerte a Szót, de mint tudást, amelyet a gyakorlatban nem alkalmazott.

Nevezetesen, úgynevezett "halott" hitük volt. Ezért az Úr megfeddte őket, mondván: "Tudom a te dolgaidat, hogy az a neved, hogy élsz, és halott vagy." (1. vers). Azt hitték, hogy sikerült megmenekülniük, hanem az Úr szempontjából, semmi közük nem volt a megváltáshoz.

Ma már meglepően sok olyan egyház és hívő van, akiknek a hite halott, mint a Sárdis gyülekezetének. A nevük szerint "hívők", de nem könnyű megtalálni azokat, akik megtartják a szombatot, az Úr napját, és akik teljes és megfelelő egyházi tizedet adományoznak. Ezek a legalapvetőbb cselekedetek és tettek a keresztény életben.

Ami nagyon sajnálatos, hogy nincs sok olyan lelkipásztor, aki arra tanítja a hívőket, hogy vessék le a bűnöket, és éljenek az Isten igéjének megfelelően. A pásztoroknak, akik a nyájat vezetik, az igaz hit kell hogy első legyen, majd az élő Isten alkotásairól kell hogy tanúskodjanak, az erő és hatalom munkái által. De nem igazán ez a valós helyzet ma. Sok lelkipásztor csak teológiai ismereteket tanít. A tanult elméletek és ideológiák alapján tanítanak csak. Ez nem sokban különbözik attól, amikor egy vak ember vezet egy világtalant, mint Máté megjegyezte a Máté evangélium 15:14 versében.

A Máté 23:26-ban megtaláljuk, amit Jézus mondott a farizeusoknak, akik nem gyakorolták az Isten szavát, csak az ajkukon hordták azt. Ezt találjuk benne: "Vak farizeus, először tisztítsa meg a belsejét a pohár és a tányér, hogy a külső válhat tiszta is." És a Máté 23:3-ban ezt találjuk, ezt mondta Ő a tanítványainak: "Annakokáért a mit parancsolnak néktek, mindazt megtartsátok és megcselekedjétek; de az ő cselekedeteik szerint ne cselekedjetek. Mert ők mondják, de nem cselekszik."

Az ima hatalma, vagy a csodálatos Isten dolgai nem nyilvánulhatnak meg ezen a fajta pásztoron keresztül. Még az egyház Szentlélek-tüzét is meg lehet szüntetni, és a lelkek nem lesznek nagyon eltérőek a halottakétól. Néhány tagjuk megmarad, de csak nevükben lesznek egy templom, és távol lesznek az újjászületéstől.

Máté 7:21 ezt tartalmazza: "Nem minden, a ki ezt mondja nékem: Uram! Uram! megyen be a mennyek országába; hanem a ki cselekszi az én mennyei Atyám akaratát."

Tegyük fel, hogy egy személy dolgozott Isten igazsága és királysága érdekében, és bizonyos mértékig felszentelte az életét ezen a földön. De amikor az ítélet megtörténik vele, ha Isten azt mondja: "Sohasem ismertelek téged; távozz tőlem, te, aki a törvénytelenséget gyakoroltad," mennyire tragikus lesz!

Bár úgy tűnhet, hogy valaki hűségesen éli az életét, mint keresztény, és önkéntes munkákkal igyekszik Isten kedvében járni, ha a belső szíve nem változik meg, nem mondhatjuk, hogy keresztény életet él.

Hogy élő hitünk legyen, vagyis igaz hitünk, mindenek felett körül kell metélni a szívünket. A körülmetélés azt jelenti, hogy a szív előbőrét levágjuk, amint a Jeremiás 4:4-ben látjuk: "Metéljétek magatokat körül az Úrnak, és távolítsátok el szívetek előbőreit, Júda férfiai és Jeruzsálem lakosai, hogy fel ne gyúladjon az én haragom, mint a tűz, és olthatatlanul ne égjen a ti cselekedeteitek gonoszsága miatt."

Ahhoz, hogy eltávolítsuk az előbőrt a szívről, le kell vetni az igazságtalanságot, a törvénytelenséget, mivel Isten szava azt mondja, hogy gyakoroljuk az igazságot, és betartsunk bizonyos dolgokat.

Ily módon, olyan mértékben, amennyire gyakoroljuk az Isten szavát, és megszentelté válunk, igaz hitet nyerünk, amelyet Isten fog adni nekünk, és amelyet Ő elismer. Ezért hadd gondolkozzunk el magunkról az Úr sárdisiaknak címzett üzenete kapcsán, és legyen lelki és igaz hitünk, nem halott hitünk.

Az Úr megfeddi Sárdis gyülekezetét

A Sárdisbeli gyülekezet angyalának is írd meg: Ezt mondja az, a kinél van az isteni hét lélek és a hét csillag: Tudom a te dolgaidat, hogy az a neved, hogy élsz, és halott vagy. Vigyázz, és erősítsd meg a többieket, a kik haló félben vannak; mert nem találtam a te cselekedeteidet Isten előtt teljeseknek. Megemlékezzél azért, hogyan vetted és hallottad; és tartsd meg, és térj meg. Hogyha tehát nem vigyázol, elmegyek hozzád, mint a tolvaj, és nem tudod, mely órában megyek hozzád. (Jelenések 3:1-3).

Nem rejthetünk el semmit az Istentől, aki a hét Szellemmel mér, és az Ő lángoló szemével néz minket. Ahogy az Úr szólt a Sárdis gyülekezetéhez: "Tudom a te dolgaidat," Isten nemcsak a tetteket figyeli, hanem még a legapróbb dolgokat is a legmélyebb rejtekében a szívünknek.

A virágok, amelyeket levágtak és elrendeztek, látszólag élnek, de valójában halottak, mert elválasztották őket a gyökerüktől. Hasonlóképpen, Sárdis egyházának tagjai is tűnhetnek számunkra élőknek, azonban ha megmérjük őket az Úr pontos szabványával, ugyanolyanok, mint a halottak.

Sárdis gyülekezetnének a neve él, de ő maga meghalt

Mit jelent a következő kifejezés: "Tudom a te dolgaidat, hogy az a neved, hogy élsz, és halott vagy." (1. vers) Röviden, Sárdis gyülekezetének a hite "halott hit, cselekedetek nélkül."

Mivel Ádám bűnözött, minden leszármazottjának a szelleme, valamint a lelke is halott. De azoknak, akik elfogadták az Urat, mint Megváltójukat, és a Szentlelket megkapták, a szellemük újjáéledt. Ha az ember szelleme életre kel, amikor a személy szembesül a fizikai halállal, a Biblia nem mondja azt, hogy "halott", hanem hogy "alszik" (Máté 9:24). Azért, mert amikor az Úr eljön újra a levegőben, az ember feltámad, és örök életet él.

De Sárdis gyülekezetének azt mondták, hogy "halottak" voltak, ez azt jelenti, hogy nem üdvözülhettek. Annak ellenére, hogy azt mondták, hogy volt hitük, az halott volt, és a "halott hittel" a megváltás nem volt megadható nekik.

Jakab 2:14 ezt tartalmazza: "Mi a haszna, atyámfiai, ha valaki azt mondja, hogy hite van, cselekedetei pedig nincsenek? Avagy megtarthatja-é őt a hit?" A 17. versben ezt látjuk: "Azonképen a hit is, ha cselekedetei nincsenek, megholt ő magában."

A Prédikátor 12:14 ezt tartalmazza: "Mert minden cselekedetet az Isten ítéletre előhoz, minden titkos dologgal, akár jó, akár gonosz [legyen az.]" A 2 Korinthusi 5:10 ezt tartalmazza: "Mert nékünk mindnyájunknak meg kell jelennünk a Krisztus ítélőszéke előtt, hogy kiki megjutalmaztassék a szerint, a miket e testben cselekedett, vagy jót, vagy gonoszt."

Mivel azok, akik hisznek Istenben és az Úrban, és azt tudják, hogy van ítélet a jó és a rossz fölött, az Isten szava szerint élnek. De azok, akik nem hisznek, nem eszerint élnek. Tudnunk kell egyértelmű különbséget Isten ismerete és a Benne való hit között.

A tudás és a hit közötti különbség

Jakab 2:19 ezt tartalmazza: "Te hiszed, hogy az Isten egy. Jól teszed. Az ördögök is hiszik, és rettegnek." "Az ördögök is hiszik, és rettegnek" azt jelenti, hogy még a démonok is tudják, kicsoda az Isten, és ki Jézus Krisztus, és hogy az ilyen hatóság előtt még ők is borzonganak.

Emellett a Biblia sok részében azt találtuk, hogy a démonok ismerték Jézust, és felkiáltottak előtte. A Lukács 8:27-28-ben, amikor Jézus találkozott egy emberrel, akit megszálltak a démonok, felkiáltott és elesett előtte, és azt mondta: "Jézus, a legnagyobb Isten Fia."

Most mondhatjuk, hogy a démonok is hisznek Jézusban, csak azért, mert elismerik Őt az Isten Fiaként, és elismerik őt, mint a Megváltó? Egyáltalán nem! Annak ellenére, hogy a démonok elismerik Jézust, sem jóságban, sem az Ő szava szerint nem élnek. Ha ismerik Őt, nem azt jelenti, hogy hisznek is benne, és a tudás még nem hoz üdvösséget a számukra. Hasonlóképpen, nem számít, mennyire ismerjük a Bibliát, amíg nem élünk aszerint, amit tudunk, nem tudjuk azt mondani, hogy igazán "hiszünk." Az igaz hitet biztosan kísérik a tettek. Ha ismerjük az igét, de nem bizonyítjuk ezt tettek, annál nagyobb lesz a bűnünk, mint azoké, akik nem élnek a Biblia szava szerint, mert nem ismerik (Lukács 12:47-48).

Viszont azok száma, akik nem követik Isten szavát a gyakorlatban, ma is egyre nő. Egyes hívők úgy tűnik kívülről, hogy hívő életet élnek, de az életük nem más, mint a világi embereké.

But in their real life, they become angry with others and call them bad names. Például, elmennek a templomba vasárnap, és imádják Istent. De a valódi életben, dühösek lesznek a többiekkel, és mindennek lenevezik őket. Csak azt teszik meg, amit akarnak, mint a világi emberek. Ahogy Jakab 2:20-ban látjuk: "Akarod-é pedig tudni, te hiábavaló ember, hogy a hit cselekedetek nélkül megholt?" a hitük hasztalanná válik.

Bár én kihangsúlyozom a hit tetteit, nem azt mondom, hogy csak a tettek által lehet megmérni a hitet. A "hit cselekedeteiben" a tett a szív mélyéből jövő cselekedetet jelenti.

Ha valaki igaz hittel bír, akkor biztosan műveli a szívét az Isten szavával. A tettek egy ilyen igazság által művelt szívből kell hogy előjöjjenek.

A hit igazi cselekedetei

Ezért nem a cselekedet maga a fontos. Ami fontos, az a szív, mely a tettben benne van. Ha a szívben kifejlesztjük a szellemet, a tett természetesen következik ez után. Azok, akiknek a hite halott, meg sem próbálják kiművelni a szellemet a szívükben. Ezért nem alkalmazzák az igét a gyakorlatban. Még ha így is tesznek, a tetteik felszínesek maradnak, és a képmutatás jegyében történnek.

Úgy mutatják a tetteiket, hogy mások észrevegyék őket. A látszat érdekében annak megfelelően fognak cselekedni, amit tudnak tudásként a hitről. Az Úr ezt mondja Máté 6:1-ben: "Vigyázzatok, hogy alamizsnátokat ne osztogassátok az emberek előtt, hogy lássanak titeket; mert különben nem lesz jutalmatok a ti mennyei Atyátoknál." Ezeket a cselekedeteket azért követik el, hogy mások lássák.

Ézsaiás 29:13 ezt tartalmazza: "És szólt az Úr: Mivel e nép szájjal közelget [hozzám,] és csak ajkaival tisztel engem, szíve pedig távol van tőlem, úgy hogy irántam való félelmök betanított emberi parancsolat lőn." Mondhatják a szájukkal, hogy szeretik az Urat. A szájukkal dícséreteket énekelhetnek. Azonban szeretet és tisztelet nélkül, minden hasztalan.

Például, ha valóban szeretjük a szüleinket, bizonyos tettek, a tisztelet tettei fognak a szívünkből megnyilvánulni irántuk. Bár lehet, hogy nem vagyunk nagyon gazdagok, megpróbáljuk a lehető legjobban szolgálni a szüleinket, igaz tettekkel.

Ezzel ellentétben, lehet, hogy néhány gyerek, aki gazdag, vonakodva bár, de kimutatja a tiszteletet a szülei iránt, mert muszáj. Egyfajta feladatként, vagy hátsó szándékkal vagy céllal csinálják. Talán a vágy miatt, hogy a szülők pénzét megörököljék. Ezek nem lehetnek igaz cselekedetek. Ha a szülő tudja, hogy ez a szándéka a gyermekeinek, a szíve megszakad.

Aztán mi van Istennel, aki megkeresi a mélységet minden ember szívében? Isten mindig megkeresi a szív legmélyét a tettek mellett. Ezért, amikor azt mondjuk, hogy szeretjük Istent, és hogy hiszünk Benne, meg kell mutatnunk a szeretetünket és a hitünket együtt a tettekkel, amelyek tartalmazzák a szívünket.

Sárdis gyülekezetének tettei nem voltak teljesek

Miután az Úr szemrehányást tett nekik, így szólt: " Vigyázz, és erősítsd meg a többieket, a kik haló félben vannak; mert nem találtam a te cselekedeteidet Isten előtt teljeseknek. " (V. 2.). Ez azt jelenti, hogy be kell ismernünk, hogy a halott hitük nem tudja megmenteni őket, és az igazságot kell megélniük mostantól.

Majd így folytatja: "nem találtam a te cselekedeteidet Isten előtt teljeseknek." (2. vers). Ez azt jelenti, hogy a világban éltek, és ugyanazt az életet élték, mint a világi emberek. Más szóval, tökéletes és teljes tetteket kellett volna mutatniuk.

A válasz, hogy mit kell tennie, hogy visszaszerezze a teljes tetteket: "Megemlékezzél azért, hogyan vetted és hallottad; és tartsd meg, és térj meg." (3. vers). A filippiekhez 4:9 így szól: "A miket tanultatok is, el is fogadtatok, hallottatok is, láttatok is én tőlem, azokat cselekedjétek; és a békességnek Istene veletek lesz." Mint mondja, ha a gyakorlatba átültetjük, amit tanultunk, hallottunk és láttunk, a békesség Istene mindig velünk lesz. De ha még nem tettük ezt meg, ahogy az Úr mondja: "Tartsd meg és térj meg," bűnbánatot kell tartanunk, vissza kell fordulnunk, és az ige szerint kell élnünk mostantól.

Amikor bűnbánatot tartunk, el kell gondolkodnunk arról, amikor először találkoztunk Istennel. Át kell gondolnunk, hogyan kezdtünk el hinni Jézus Krisztusban, és hogy milyen buzgók voltunk, amikor megkaptuk a Szentlelket. El kell gondolkodnunk azon, amikor az első szerelem állapotában voltunk. Ilyen nagy kegyelmet kapunk, és tele voltunk az első szerelem jellemzőivel. Sikerült az első szerelem értékét megtartanunk? Sokan nem tartják meg az első szívüket és tetteket, hanem visszamennek a világba. Bár azt mondják, hisznek, olyan életet élnek, amely által nem lehet megkülönböztetni őket a világ többi részétől. Meg kell hogy bánjuk mindezeket a dolgokat, vissza kell nyernünk az első teljességet és lelkesedést, és élnünk kell az Isten szavát.

A következmények azok számára, akik nem bánják meg a bűneiket

Az Úr ezt mondja: "Hogyha tehát nem vigyázol, elmegyek hozzád, mint a tolvaj, és nem tudod, mely órában megyek hozzád" (3. vers). Arról beszél, melyek azok a következmények, amelyekkel azok, akik nem tartanak bűnbánatot, szembe kell majd nézniük.

Ha szembenézünk majd az Úr második eljövetelével, ha addig nem fordultunk el a bűneinktől, már túl késő lesz. Egy tolvaj belép azokon a helyeken, ahol nincs lopás elleni intézkedés. Hasonlóképpen, azoknak, akik nincsenek felkészülve arra, hogy fogadják az Urat, az Ő második eljövetele úgy fog történni, mint egy tolvaj esetében.

1 Tesszalonika 5:4-5 ezt tartalmazza: "De ti, atyámfiai, nem vagytok sötétségben, hogy [az] a nap tolvaj módra lep[het]ne meg titeket. Ti mindnyájan világosság fiai vagytok és nappal fiai; nem vagyunk az éjszakáé, sem a sötétségé!" Ez azt mondja, hogy az Úr nem fog megjelenni tolvajként azok számára, akik élik a fényt, és akik nem a sötétben léteznek.

Természetesen, ahogy az Úr mondja Máté 24:36-ban: "Arról a napról és óráról pedig senki sem tud, az ég angyalai sem, hanem csak az én Atyám egyedül," csak Isten Atya tudja a napot és az órát, amikor az Úr visszatér.

De a Biblia nagyjából elmondja, mikor lesz, amikor az Úr újra eljön. Senki sem tudja a pontos napot és órát, amikor egy terhes nő megszüli a babáját, de nagyjából egy hónapon belül lesz.

Az Úr már elmondta, mik a jelek az idő végezeténél a Máté 24-ben. Ébernek kell lennünk, hogy felkészüljünk az Úr második eljövetelére imádsággal (1 Péter 4:7).

Az Isten Igéje a hit mértékének a mérője

1 Péter 1:23 ezt tartalmazza: "Mint a kik újonnan születtetek nem romlandó magból, de romolhatatlanból, Istennek ígéje által, a mely él és megmarad örökké."

Ha valaki a múlhatatlan magot, vagyis az Isten szavát megkapta, nem elég. Csak ha gondoskodunk a magról, az igéről a szívünkben, hogy bőséges gyümölcsöt teremjen, válhatunk valóban újra megszületett méltó emberré, hogy minket is valóban "élőnek" hívhassanak.

Ha csak meghallgatjuk Isten szavát, és megszervezzük azt puszta ismeretként, ez nem nevezhető igazi hitnek. Amikor kitartunk a szó mellett, amit hallottunk, imádkozunk érte, és a gyakorlatban is alkalmazzuk, az ige kihajt, és nagyon sok gyümölcsöt hoz, százszor, hatvanszor vagy harmincszor többet.

Még ha valakinek van is adott pozíciója a templomban, és még ha úgy is tűnik, hogy van hite, lehet, hogy halott a hite. Látszólag Iskarióti Júdás abban a helyzetben volt, hogy méltó legyen arra, hogy elismerjék az Úr tanítványaként, de elhagyta a kegyelmet, amit kapott, és végül meglátta a halált a rettenetes bűne miatt: elárulta Jézust.

Egy alkalommal Saul királyt, akit elismert Isten, felkenték, mint Izrael királya. De eléggé arrogáns lett ahhoz, hogy ellenálljon Isten akaratának, és ő is a halál útjára ment.

Ezért a szabvány a hitben nem a külső megjelenés vagy a társadalmi helyzet. Az egyetlen szabvány az Isten szava. Ha valaki tanít vagy tesz valamit, ami sérti az Isten szavát, még ha vezető szerepet tölt is be az egyházban, akár lelkészként, nem szabad hallgatni rá. A lényeg nem az, hogy ő abban a helyzetben van-e, hogy tanítson, hanem hogy gyakorolta-e az igét.

Aki megtartja az egyik parancsolatot legalább, és megtanít másokat is, hogy ugyanezt tegyék, nagy lesz a mennyek országában. És ő is hatalmat kap, hogy a szavak erejével megváltoztasson sok embert ezen a földön.

AZ ÚR TANÁCSA ÉS ÍGÉRETE NÉHÁNY HÍVŐNEK SÁRDISBAN

De van Sárdisban egy kevés neved, azoké a kik nem fertőztették meg a ruháikat: és fehérben fognak velem járni; mert méltók [arra.] A ki győz, az fehér ruhákba öltözik; és nem törlöm ki annak nevét az élet könyvéből, és vallást teszek annak nevéről az én Atyám előtt és az ő angyalai előtt. A kinek van füle, hallja, mit mond a Lélek a gyülekezeteknek. (Jelenések 3:4-6).

Sárdis gyülekezetében azt mondták, hogy hisznek Istenben, de nem éltek az ige szerint. Aztán meghallották a súlyos szemrehányást, mely szerint élőknek hívták magukat, de valójában meghaltak. Az Úr azt mondta, voltak néhányan, akik még nem szennyezték be a ruhájukat, és méltók voltak.

Mivel az Úr azt mondta "néhányan," ezért csak egy nagyon kis számra mondta ezt az egyház tagjaiból, tehát nem a teljes gyülekezetet dícsérte meg.

Az a néhány hívő, aki nem szennyezte be ruháit

Itt a "ruha" az ember szívét szimbolizálja. Ennek megfelelően a "nem szennyezték be a ruháikat" azt jelenti, hogy "nem lett tisztátalan a szívük." Más szóval, élték az igét az igazságba vetett hitük szerint, és a szívüket nem festette be a világi bűn és a gonosz.

Ez azt is jelenti, hogy kitakarítják a szívüket, melyet befestett a bűn, mielőtt megtudták az igazságot, a bűnök elleni küzdelem révén, egészen odáig, hogy akár a vérüket is kiontják. És azt is jelenti, hogy a megtisztított szívet valótlanságokkal és bűnnel újra nem piszkolják össze. Szóval, azokra vonatkozik, akik megpróbálnak ébren lenni, imádkoznak, és megtartják az igaz hitet.

Sárdis gyülekezete olyan helyzetben volt, mint amikor egy vak ember vezet egy világtalant, és mindketten a gödörbe jutnak. Mindazonáltal volt néhány olyan tagja, akik hallgattak a lelkiismeretükre, és megpróbálták elérni, amit Isten akart. Az Úr azt mondja, hogy az ilyen emberek "fehérben fognak velem járni;

mert méltók [arra.]" (4. vers).

Persze, azt mondván, hogy méltók, nem jelenti azt, hogy elérték a teljes megszentelődést. Ha figyelembe vesszük a teljes Sardis-beli gyülekezet hitét, voltak néhányan, akik imádkoztak, és igyekeztek az igaz hitet megtartani, és ez méltó volt az Úr szemében. A tagok többségének már halott volt a hite Sárdis gyülekezetében. De voltak néhányan, akik megtartották a hitet, és élték az igét, és elismerte őket az Úr, mint méltó híveket. Tehát láthatjuk: a hitük jó volt. Nem volt könnyű a hitet megtartani Sárdis városában, különösen a gyülekezet körében nem, amely összebarátkozott a világgal, és befestette már a bűn. Mégis megtartották a hitüket, és ez valóban egy nagy áldás.

Például, vannak, akiket üldöznek a családtagjaik azért, mert keresztények. Úgy érzik, az élet nehéz pillanatnyilag, de az ilyen üldözések miatt annál éberebbek lesznek, és imádkoznak. Megtanulnak kitartónak lenni. És miközben buzgón imádkoznak a családjukért, a spirituális szeretetük növekedni fog. Ha van bennük lelki szeretet, akkor minden helyzetben hálát adnak, és úgy tekintik, hogy a családtagjaik számukra értékes lelkek, akiket rájuk bízott az Isten.

Ugyanakkor, mivel az Úr nevének vállalásáért üldözik

őket, az ajándékaik tárolásra kerülnek a mennyben. És a hit gyökerezni fog - sokkal erősebben – bennük, mert a hitük ilyen nehéz helyzetben is megmaradt. Isten kifinomítja mindegyiket, a szíve és az edénye szerint. A finomításon keresztül Isten elvezet bennünket oda, ahol feltölthetjük a szívünket azzal, ami hiányzik, és a lelkünk virágzó lesz.

Hasonlóképpen, annak érdekében, hogy a hitüket megtartsák, Sárdis gyülekezetének néhány tagja, aki nem szennyezte be a ruháit, bizonyára sokkal buzgóbban imádkozott, mint mások. Ennek eredményeként, elismerte őket méltónak az Úr.

Néhány hívő sétál az Úrral, fehér ruhában

Azok a kevesek, akiket elismertek, mint "méltók," megkaphatják az Úrral járás jogát, fehér ruhában.

De itt, tisztában kell lennünk azzal, hogy "az Úrral lenni" és "sétálni az Úrral" két különböző dolog. Nem számít, melyik lakóhelyre megyünk a mennyben, lehetséges számunkra, hogy az Úrral legyünk, mert az Úr bárhová mehet a mennyben. Még ha a Paradicsomban is vagyunk, az Úr eljön hozzánk, és eltölt egy kis időt velünk. De mivel azok, akik a Paradicsomban vannak, szégyenteljes megváltásban részesültek, úgy érzik, túlságosan zavarban vannak ahhoz, hogy az Úrral szemtől szemben legyenek, vagy sétáljanak Vele.

De az Úrral járásnak több jelentése van, mint együtt lenni Vele. Csak azok, akik a Harmadik Mennyei Királyságba, pontosabban, akik Új Jeruzsálembe jutottak, tudnak járni az Úrral igazi értelemben.

Járni az Úrral azt jelenti, hogy bárhol és bármikor Vele vagyunk, és járni Vele a mennyei királyságban azt, hogy rendelkezünk a megfelelő képesítéssel erre. Az Úr minden bizonnyal az Isten gyermekeivel van, akik az igazságban élnek. De ő azokkal fog járni, akik Istent a legjobban szeretik, levetették a gonoszság minden formáját, és megszenteltté váltak. Ha az Úr sétál valakivel, akkor az Ő garanciája, tekintélye és a teljesítménye jelenik meg Vele, mint egyértelmű bizonyíték.

A fehér ruha jelentése

Az Úr tanácsot és ígéretet adott néhány hívőnek Sárdis gyülekezetében, és azt mondta: "A ki győz, az fehér ruhákba öltözik." (5. vers).

Itt, a "győzelem" azokra vonatkozik, akik "tartják a hitet és az életet az igazságban élik." A "fehér ruhadarabok" minden megmentett lélekre vonatkoznak, ez az üdvösség jelképe. Még azok is, akiket nem fogott fel a második eljövetelekor az Úr, és a hét éves nagy nyomorúságba esnek, és később üdvösséget nyernek, fehér ruhába öltöznek később.

A fehér ruhadarab itt nem csupán az üdvösség jelképe, de azt a fehér ruhát is jelképezi, amelyet azon a szinten kap valaki, ahol megszentelné válik. Minél magasabb szintű a megszentelődés, amelyet egy személy elér, annál fényesebb a fehér ruha, amit viselni fog. Így, a mennyei királyságban, láthatjuk, mennyire érte el a szent szív állapotát valaki a földön.

Azt is felismerjük a díszítéseken keresztül, mennyi jutalmat halmozott fel, amikor a földön volt. Ezért van, hogy Isten, aki visszafizet mindent, ami történt, szép díszt ad az ő ruhájára, a cselekedetei szerint a földön.

Az áldás, amely szerint valaki nevét nem törlik ki az Élet Könyvéből

Az Úr azt mondta, a fehér ruha mellé ajándékként, annak az embernek a neve, aki győz, beíródik az Élet Könyvébe (5. vers).

Még ha úgy is tűnik, hogy egy ember lélegzik, ez nem jelenti azt, hogy valóban életben van. Egy embernek akkor lehet igazi élete, amikor a szellem, amely régen halott Ádám bűne miatt, ismét feléled. Azok számára, akik nem fogadják el az Úr szavát, és sötétben élnek, a szellem halott. Amikor meghalnak, a pokolba, azaz az örök halálba mennek. De ha elfogadják az Úr Jézus Krisztust, és megkapják a Szentlélek szellemét, a halott szellemük életre kel, és örök életet nyernek. Nevüket rögzíteni kell az Élet Könyvében a mennyben. Ezért a Jelenések 20:15 ezt tartalmazza: "És ha valaki nem találtatott beírva az élet könyvében, a tűznek tavába vetteték." Csak azok, akiknek a neve az élet könyvében van, üdvözülhetnek.

Az a tény, hogy a nevünk jelenleg be van írva az élet könyvébe, nem garantálja az üdvösségünket. Csak akkor, ha a nevünk az Élet Könyvében lesz, amikor Isten, mint bíró megnyitja a Nagy Fehér Trón ítéleténél a Könyvet, érjük el az üdvösséget. Azt mondja: "Nem törlöm a nevét az élet könyvéből." Ha fordítva gondolkodunk, az azt jelenti, hogy a nevet az Élet Könyvéből ki lehet törölni.

Sok hívő ma úgy gondolja, hogy ha a nevük be van írva az élet könyvébe, ez állandó, és ők a mennybe mennek, akkor is, ha úgy élnek, ahogy akarnak. De a tény az, hogy nem így van, egyáltalán. Attól a pillanattól kezdve, hogy a név be van írva az élet könyvébe, rálépünk az örök élet útjára. De ha lelépünk az örök élet útjáról, a Szentlélek is kialszik (1Thessz 5:19), és a nevünk törlődik az Élet Könyvéből (Exodus 32:33).

1 Korintusi 15:2 ezt is tartalmazza: "A mely által üdvözültök is, ha megtartjátok, a minémű beszéddel hirdettem néktek, hacsak nem hiába lettetek hívőkké." "Hiába lettetek hívőkké" - a "húsbeli életet" jelenti. Ez a hit halott, és az igaz cselekedeteket nélkülözi. Még ha templomba jártunk is sokáig, és mélyreható ismeretekkel rendelkezünk a Bibliáról, amíg nem élünk az Isten szava szerint, hanem ugyanúgy éljük a világi emberek életét, mint mások, addig "halott" a hitünk.

A Biblia azt is megemlíti, hogy ha a test dolgait követjük, beleértve az erkölcstelenséget, a tisztátalanságot, érzékiséget és a bálványimádást, nem örököljük a mennyei királyságot (Galatákhoz 5:19-21).

A Biblia azt is mondja: "a halálhoz vezető bűnök."
"Káromolni a Szentlélek dolgait", "beszél a Szentlélek ellen" (Máté 12:31-32) "elszakadni, még az után is, hogy a Szentlelket megkapta valaki, és az Urat újra keresztre feszíteni, és nyílt szégyennek kitenni" (Zsid 6:6), és "szándékosan vétkezni, miután kézhez vettük az igazságot és megismertük azt" (Zsid 10:26).

A Biblia leírja, hogyan tudjuk fogadni az üdvösséget. De ugyanakkor azt is rögzíti részletesen, hogyan lehet a végén a halálba esni. Az üdvösségről nem egyetlen időpontban döntenek. El kell ismernünk, hogy ez egy "folyamatban lévő" folyamat, és egészen addig tart, amíg az Úr visszajön.

Még ha a megváltás határán belül is vagyunk, ki lehet menni a határon kívülre a szabad akaratunkból. Ezzel szemben, még ha kint is voltunk a határon, bejöhetünk a határon belülre egy bizonyos ponton.

A nevünk megáldását bevallják Istennek és az Ő angyalainak

Sárdis gyülekezetének néhány tagja az Úrtól a következő ígéretet kapta: "és vallást teszek annak nevéről az én Atyám előtt és az ő angyalai előtt" (5. vers).

A Nagy Fehér Trón ítéletekor, Isten, a bíró előtt, meg kell hogy kapjuk az elismerést az Úrtól, aki ezt mondja: "Ez Isten gyermeke."

És az Úr elismerését el kell ismerniük az angyaloknak is. Vannak angyalok, amelyek követik a tetteinket és a szívünket, és még az elménket is megvizsgálják, és jelentik őket, és lejegyzik azokat (Máté 18, 10). Az imáinkat az arany oltár elé viszik (Jelenések 8:3-4).

Természetesen vannak olyan angyalok, akiket Isten küldött, hogy megvédje a gyermekeit. De vannak olyan angyalok is, amelyek minden egyes embert ellenőriznek. Az angyalok által készített jelentések lesznek az igazolások és bizonyítékok a Nagy Fehér Trón ítéletekor.

Az angyalok maguk nem jönnek ki, hogy tanúk legyenek, és elismerjenek minket az Ítélet Napján. De az angyalok által készített pontos jelentések által el fogják ismerni, hogy méltó életet éltünk az Isten gyermekeiként. Mivel az angyalok azok, akik figyelnek minket – a legközelebbi távolságból – az ő elismerésük elengedhetetlen.

Az Úr azt akarja: Sárdis gyülekezete változzon meg

Az Úr erre a következtetésre jut az igével: "Akinek van füle, hallja, mit mond a Lélek az egyházaknak", ahogy mondta a többi egyháznak is (6. vers). Az Úr Sárdis gyülekezetéhez fordul ismét, az Ő őszinte és epekedő szívével, hogy meghallják, és jól bevéssék az eszükbe az Ő szavát, és hogy változzanak meg.

Sárdis gyülekezetének a hite halott volt. Ha nem bánták volna meg a bűneiket, és nem fordultak volna vissza, nem lett volna semmi közük a megváltáshoz. De, mert meghallották, és megtudták az igazságot, tudták, legalább a tudás szintjén megvolt a hitük. Most eljött az ideje, hogy megváltoztassák a tudásukat, élő hitté, amelyet a tettek kísérnek.

Továbbá, még ha volt is hitük, hogy megkapják az üdvösséget, küzdeniük kellett, hogy megtartsák azt, amíg az Úr visszajön. Csak akkor lehet őket felöltöztetni fehér ruhába, a megváltás jelképébe, és kaphatnak dicsőséget és jutalmat a földön, a tetteik szerint ezen a földön.

De sok mai gyülekezet nem veszi észre ezt a tényt, nem ébred fel a spirituális álomból, és a hite halott. Ami még rosszabb: nincs egy pásztor, aki az igazságot megtanítsa nekik. Olyanok, mint a vak, akit egy másik világtalan vezet.

Isten azt akarja, hogy akinek füle van a hallásra, hallgassa meg a szavát, hogy így elérje a megváltást. Ő azt is akarja, hogy azok, akik igazán szeretik az Atya Istent, és az Urat keresik, kövessék az igazságot. Azt akarja, hogy jól vezessék őket, hogy el tudjanak jutni egy jobb lakóhelyre a mennyben.

Ezért fel kell ismernünk, mennyire áldott dolog az, hogy igaz hitünk van, és tökéletes menyasszonya kell hogy lennünk az Úrnak, folt nélkül, mert így képesek leszünk mindig az Úrral járni a mennyben.

HATODIK FEJEZET

FILADELFIA GYÜLEKEZETE:
- Dícséretet kapnak azért, mert hittel cselekedtek

Filadelfia egyháza volt az egyetlen a hét gyülekezet közül, amely csak dicséretet kapott. Bár csak kevés hatalmuk volt, a világ nem ejtett foltokat rajtuk, és megtartották a hitet. Emiatt megkapták Dávid kulcsát, amely megnyithatja az áldások kapuját. Megkapták Isten szeretetének a bizonyítékait, és az áldást az ígérettel, hogy Új Jeruzsálem pillérévé válnak majd.

Az ige, amit a filadelfiai egyháznak és egyházi tagoknak küldött Isten, azoknak a gyülekezeteknek is szól, akik arra törekszenek, hogy az Isten szavát megtartsák, bár kicsinyhitűek, és jeleket, csodákat, és erős munkákat nyilvánítanak ki.

Jelenések 3:7-13

A Filadelfiabeli gyülekezet angyalának is írd meg: Ezt mondja a Szent, az Igaz, a kinél a Dávid kulcsa van, a ki megnyitja és senki be nem zárja, és bezárja és senki meg nem nyitja: Tudom a te dolgaidat (ímé adtam elődbe egy nyitott ajtót, a melyet senki be nem zárhat), hogy kevés erőd van, és megtartottad az én beszédemet, és nem tagadtad meg az én nevemet. Ímé én adok a Sátán zsinagógájából, azok közül, a kik zsidóknak mondják magukat és nem azok, hanem hazudnak; ímé azt mívelem, hogy azok eljőjjenek és leboruljanak a te lábaid előtt, és megtudják, hogy én szerettelek téged. Mivel megtartottad az én béketűrésre [intő] beszédemet, én is megtartalak téged a megpróbáltatás idején, a mely az egész világra eljő, hogy megpróbálja e föld lakosait. Ímé eljövök hamar: tartsd meg a mi nálad van, hogy senki el ne vegye a te koronádat. A ki győz, oszloppá teszem azt az én Istenemnek templomában, és többé onnét ki nem jő; és felírom ő reá az én Istenemnek nevét, és az én Istenem városának nevét, az új Jeruzsálemét, a mely az égből száll alá az én Istenemtől, és az én új nevemet. A kinek van füle, hallja, mit mond a Lélek a gyülekezeteknek.

AZ ÚR LEVELE A FILADELFIAI GYÜLEKEZETNEK

A Filadelfiabeli gyülekezet angyalának is írd meg: Ezt mondja a Szent, az Igaz, a kinél a Dávid kulcsa van, a ki megnyitja és senki be nem zárja, és bezárja és senki meg nem nyitja: (Jelenések 3:7).

Amikor az apostolok dolgoztak Filadelfiában, volt egy kis város, mintegy 1000 emberrel. Földrengések gyakran előfordultak, így a lakosság nagy része mezőgazdasági termelő volt. Élvezték a bor és a tánc örömeit, imádták Dionüszoszt, a a bor görög mitológiai istenét. Filadelfia egy átjáró város volt Sárdis, Pergamon, Trója és Róma között.

Filadelfia gyülekezete volt az egyetlen a hét gyülekezet

közül, amely csak dicséret kapott az Úrtól. Ez egy jó példa sok gyülekezetnek ma is.

Az Úr szent és igaz

Az Úr, aki a filadelfiai egyháznak beszél, "szent és igaz." Itt a "szent" azt jelenti: az összes ember fölött áll Ő, aki folttalan és bűntelen. Kizárólag Isten dicsőségét hirdeti, hiszen csakis Isten szava szerint él, foltok vagy bűn nélkül.

Eredetileg a "szent" kifejezést nem lehetett emberi lényre alkalmazni. Kizárólag Isten lehetett szent és igaz. Azonban, ha egy ember visszaszerzi Isten elveszett képét, mely a bűn miatt veszett el, és Istenre hasonlít, valamint megvalósítja az Ő szentségét, akkor már használhatjuk a "szent" kifejezést. Ennek az alapja látható Péter 1:16-ban.

János 10:34-36-ban Jézus ezt mondja: "Felele nékik Jézus: Nincs-é megírva a ti törvényetekben: Én mondám: Istenek vagytok? Ha azokat isteneknek mondá, a kikhez az Isten beszéde lőn (és az írás fel nem bontható), Arról mondjátok-é ti, a kit az Atya megszentelt és elküldött e világra: Káromlást szólsz; mivelhogy azt mondám: Az Isten Fia vagyok?!"

Itt, "a kikhez az Isten beszéde lőn" azokra vonatkozik, akik megtartják az igazság szavát, és az ige szerint élnek. Azt jelenti: Isten úgy tekint rájuk, mint istenekre.

Ez nem jelenti azt, hogy valóban Isten szintjén vannak, csak azért, mert Isten úgy ítéli meg őket, mint isteneket. Ez azt jelenti, hogy Isten teljesen az Ő gyermekeiként látja őket. Úgy véli, hogy a szellem emberei, valamint az igazságé is.

Ezért mondja az Urunk Jézus Máté 5:48-ban: "Legyetek azért ti tökéletesek, miként a ti mennyei Atyátok tökéletes." János 17:17-19-ben meg ezt mondja: "Szenteld meg őket a te igazságoddal: A te ígéd igazság. A miképen te küldtél engem e világra, úgy küldtem én is őket e világra; És én ő érettök [oda] szentelem magamat, hogy ők is megszenteltekké legyenek [az] igazságban." Isten akarata az, hogy mi is szentek legyünk, mint Ő.

Aztán: az "igaz" itt azt jelenti: "hamisság és hazugság nélküli." Nem változik, nem imbolyog jobbra vagy balra, nem hazudik, nem csal, nem szegi meg ígéreteit, nem ravasz, örökre állhatatos, ezek mind az "igazit" jelentik. "Hűnek lenni" nagyon fontos. Csak akkor, ha igazak vagyunk, kaphatunk hitet, az Isten szava élő és aktív lehet ekkor bennünk, és megtapasztaljuk Isten hatalmát. Azért, mert Isten szava maga az igazság.

Másrészt, ha nem vagyunk igazak, kétségeink lehetnek, és hajlamosak lehetünk a hazugságra. Soha nem tudjuk megérteni az igazi szívet sem (1Kor 2:13). Nos, mit jelent az, hogy az Úrnál van Dávid kulcsa?

Az Úrnál van Dávid kulcsa

Dávid volt Izráel második királya. Már a korai éveitől félte és szerette Istent. Izrael a leggazdagabb Dávid uralkodása alatt volt. Növelte területét, élvezte a nagy gazdagságot, és a szomszédos országok még adóztak is neki. Dávidot nagyon szerette és kedvelte Isten, és Izrael népe is.

Szükségünk van egy kulcsra, amellyel kinyitunk egy ajtót: egy raktár ajtaját, ami tele van kinccsel. Csak az, akinek van kulcsa, tudja kinyitni a raktárhoz az ajtót, és élvezni az összes kincset benne. Isten odaadta a kulcsot, amely megnyithatja a kaput minden áldáshoz, Dávidnak, hogy tudja élvezni azokat. Ez azért volt lehetséges, mert Dávid Isten szívét követte.

Dávidnak azonban sok megpróbáltatáson át kellett mennie ahhoz, hogy megkapja a kulcsot. El akarta rejteni azt a tényt, hogy együtt hált Uriahhal, egy másik ember feleségével, aki teherbe esett, Dávid miatt Uriahot meg kellett öletni. Ez volt a kezdete a gondjainak. Ez egy súlyos bűn volt, de Dávid nem volt olyan gonosz ember, hogy ezt a bűnt elkövesse.

Dávid jobban szerette Istent, mint bárki mást. Azonban, mivel a gonosznak mély gyökere volt az ő természetében, ez úgy jött ki, mint egy nagy bűn.

Mivel Isten tudta, hogy volt egy gonosz oldala Dávid természetének, megengedte neki, hogy nehézségei akadjanak, hogy megtalálja az igazi önmagát teljesen, és tökéletesen megszentelt legyen.

Még a súlyos gondok alatt is, Dávid mindent Isten kezébe

tett. A saját fia, Absolon lázadása következtében, Dávid királynak sietve el kellett menekülnie. Majd Sémei, egy hétköznapi ember átkot mondott rá: "És így szóla Sémei szitkozódása közben: Eredj, eredj te vér[szopó] és istentelen ember!" (2 Sámuel 16:7). Ennek ellenére, Dávid nem büntette meg őt. Inkább megalázta magát, hogy ő is megkapja Isten könyörületét. Ez más volt, mint az ő hozzáállása korábban, amikor halált parancsolt az ártatlan Uriahnak, a királyi hatóságot használva.

Hasonlóképpen, a kínjai és próbái révén olyan ember lett, aki Isten szívét még jobban követi. Miután Isten kifinomította őt a megfelelő edénnyé, hogy áldást kaphasson, adott neki egy kulcsot, hogy kinyissa az ajtót, melyen nagy áldás szállt rá. Mindenekelőtt elképzelhetetlen áldásban részesült, mivel a genealógiája által, Jézus arra született, hogy megnyissa az utat az üdvösség felé.

Dávid kulcsát nem csak néhány kiválasztott ember kaphatja meg. Bármilyen megkülönböztetés nélkül, bárkinek jár, aki szereti Istent, hasonlít az Úrra, és szentté és igazzá válik. Ahogy teljesítjük a feltételeket, és megérünk arra, amit Isten akar, az ajtók az egészségügyi és egyéb áldások, mint a gazdagság, a becsület, és a tekintély felé, meg fognak nyílni. És végül a legfontosabb áldás: az Új Jeruzsálembe vezető ajtó is megnyílik nekünk.

Az Úrról, akinek megvan a kulcsa az összes áldáshoz, ezt mondják: "a ki megnyitja és senki be nem zárja, és bezárja és senki meg nem nyitja" (8. vers).

Ez azért van, mert az ajtót az üdvösség felé csak az Úr Jézus Krisztus nevével tudjuk kinyitni, és amint ez az ajtó nyitva lesz, senki nem csukhatja be, amint azt Apostolok Cselekedetei 04:12 tartalmazza: "És nincsen senkiben másban idvesség: mert nem is adatott emberek között az ég alatt más név, mely által kellene nékünk megtartatnunk."

Még az ellenséges ördög és Sátán sem tudja becsukni! Az Úr megnyit, majd lezár mindent, az Isten akarata szerint, és Ő pontosan mindent véghez visz az Isten gondviselésével anélkül, hogy a legkisebb hiba lenne benne.

Mai esetek, amelyek a Filadelfiai gyülekezethez hasonlítanak

Az üzenet, amit a Filadelfiai gyülekezet kapott, tartalmazza annak az egyháznak a jegyeit, amelyet kiválasztott és Ő Maga felügyelt. Ez az egyház, amelyet Ő elismer és vezet. Az a mai gyülekezet, amelyet az Úr dícsér, mint a Filadelfiai gyülekezetet, bír valamennyi hatalommal, de nem köt kompromisszumot a világgal. Folyamatosan megtartja Isten szavát, és bármilyen üldöztetés vagy megpróbáltatás alatt, fennmarad egész végig, és győz a szeretet és a hit által.

Ez a fajta egyház megkapja ugyanazt az áldást, amelyet a Filadelfiai egyház is megkapott. Nevezetesen, meglesz a bizonyítékuk, hogy Isten szereti őket, és elképesztő alkotásokkal megmutatják Isten erejét majd.

Isten megnyitja a kapukat a sok áldás irányában, beleértve a szellemi hatalom ajtaját is, hogy legyőzzük, és kiűzzük az ellenséges ördögöt és a Sátánt. Majd kinyitja az ajtót Isten erejéhez is, hogy nagy csodákat, jeleket, és rendkívüli munkákat tudjunk végrehajtani. Ezeken az ajtókon keresztül számtalan lélek találhatja meg az üdvösség útját.

Amikor az áldások ajtaja megnyílik, olyan mértékben, amennyire a tagok megfelelő képesítéssel bírnak, közelebb kerülnek Új Jeruzsálem kulcsának a fogadására.

A Manmin Központi Egyház Megnyitása óta, a Filadelfiai templomot modellként kezeltük, és igyekeztünk a legjobb tudásunk szerint egy gyönyörű gyülekezet lenni, amelyet méltat az Úr. Sokféle üldöztetést és vizsgát elviseltünk annak érdekében, hogy az Isten szavát megtartsuk, és nem kötöttünk kompromisszumot a világgal.

Ennek eredményeként, Isten megengedte a teremtés hatalmát, és nagy és elképzelhetetlen dolgokat hajtottunk végre. Persze, ez nem jelenti azt, hogy olyan nagy dolgok, mint amelyek manapság előfordulnak a templomunkban, előfordultak az egyház történetének eleje óta. Amint leküzdöttük a finomítás leckéit hittel, Isten magasabb szintekre vezetett bennünket.

Még ha Isten ide is adta a kulcsot az áldásokhoz, az egyes hívők és az egyházak dolga, hogy kinyissák az ajtót, és az áldásait élvezzék annak, ami a raktárban van.

Aggeus 2:9 ezt tartalmazza: "'Nagyobb lészen e második háznak dicsősége az elsőnél, azt mondja a Seregeknek Ura, és e helyen adok békességet, azt mondja a Seregeknek Ura." Mint látjuk, ha kis erővel bírunk is, meg kell tennünk a tőlünk telhető legjobbat a pozícióinkban, hogy képesek legyünk elérni nagyobb dolgokat, mint korábban, hogy Isten dicsőségére tegyünk.

AZ ÚR DÍCSÉRETE A FILADELFIAI GYÜLEKEZET SZÁMÁRA

Tudom a te dolgaidat (ímé adtam elődbe egy nyitott ajtót, a melyet senki be nem zárhat), hogy kevés erőd van, és megtartottad az én beszédemet, és nem tagadtad meg az én nevemet. Ímé én adok a Sátán zsinagógájából, azok közül, a kik zsidóknak mondják magukat és nem azok, hanem hazudnak; ímé azt mívelem, hogy azok eljőjjenek és leboruljanak a te lábaid előtt, és megtudják, hogy én szerettelek téged. Mivel megtartottad az én béketűrésre [intő] beszédemet, én is megtartalak téged a megpróbáltatás idején, a mely az egész világra eljő, hogy megpróbálja e föld lakosait (Jelenések 3:8-10).

Amikor az emberek nagy eredményeket érnek el különböző

területeken, hogy hozzájáruljanak az emberi civilizációhoz, vagy ha erényes cselekedeteket hajtanak végre a szeretet jegyében, a nevükre emlékeznek, és dicsérik őket egész nemzedékek. Ha tudjuk, hogy szeretnek, és elismernek bennünket a szomszédaink, ez valami nagyon örömteli. És ha mi is dicséretet kapunk az Úrtól, mint például a Filadelfia Egyháza, ez valami örök és igaz. Ez az érték és boldogság nem összehasonlítható semmi mással.

Az Úr egy nyitott ajtót helyezett a Filadelfiai gyülekezet elé

Mielőtt megdícsérte a Filadelfiai gyülekezetet, az Úr megígérte, hogy megáldja őket.

Azt mondta: "ímé adtam elődbe egy nyitott ajtót, a melyet senki be nem zárhat " (8. vers). Amint az Úr megnyitja az ajtót áldásként, nincs olyan ember, sem angyal, sem az ellenséges ördög és a Sátán sem, aki bezárhatja azt. Az Úr engedelmeskedett mindhalálig, követve az Isten akaratát. Legyőzte a halál hatóságát. Lévén, hogy győzelmet aratott, Isten a királyok Királya és urak Ura címmel illette Őt.

János 14:13 ezt tartalmazza: "És akármit kértek majd az én nevemben, megcselekszem azt, hogy dicsőíttessék az Atya a Fiúban." Mint látjuk, Isten megígérte, hogy mindent megad nekünk, amit kérünk a Jézus Krisztus nevében.

Péter, Jézus tanítványa, ezt vallotta Jézusnak: "Te vagy a Krisztus, az élő Istennek Fia." (Máté 16:16). Aztán, Jézus ezt mondta Péternek: "De én is mondom néked, hogy te Péter vagy, és ezen a kősziklán építem fel az én anyaszentegyházamat, és a pokol kapui sem vesznek rajta diadalmat. És néked adom a mennyek országának kulcsait; és a mit megkötsz a földön, a mennyekben is kötve lészen; és a mit megoldasz a földön, a mennyekben is oldva lészen;" (Máté 16:18-19).

Nagy tekintély van a Szavaiban: "ímé adtam elődbe egy nyitott ajtót, a melyet senki be nem zárhat." Ez a hatóság adatott Péternek, hogy bármit is összekötött a földön, kötve marad a mennyben, és amit fellazított a földön, oldva lesz a mennyben is.

De ez az áldás nem csak a Filadelfiai egyháznak, de bárkinek is szól, bármely egyháznak, amely elismeri az Úr szavát. Ha egy ajtó nyitva van az Úr akaratából, senki sem csukhatja be, semmilyen helyzetben.

Nem számít, hogy az ellenséges ördög megpróbálja megakadályozni, ha Isten döntött, és parancsot adott valamire, akkor azt biztosan elérjük, hogy Istennek dicsőséget szerezzünk.

Az Úr ugyanaz tegnap, ma és mindörökké. Velünk lesz, míg vissza nem jön hozzánk. Garantálja az egyházakat és tagjaikat, amelyeket Isten hozott létre.

Filadelfia gyülekezete megtartotta az Úr szavát a kevés

hatalma ellenére

Az ok, amiért a Filadelfiai egyház képes volt ezeket az áldásokat megkapni az volt, hogy megtartották az Isten szavát, annak ellenére, hogy csak kevés hatalmuk volt, de nem tagadták meg az Úr nevét. Mivel az Úr dícsérte őket, amiért az egyházuk nagyon jól működött, miért mondta, hogy kevés hatalmuk volt?

Ennek két jelentése van. Először is, az "egy kis hatalom" kifejezés egy olyan állapotra vonatkozik, ahol megvan a hit, de olyan kicsi, mint egy mustármag, közvetlenül az után, hogy elfogadjuk az Urat. Azonban egy ilyen kis mustármag felnő, hatalmas fa lesz belőle, és több madár rászáll, és pihen az ágain. Hasonlóképpen, a hitünk is felnő, hogy nagy legyen, amint haladunk a keresztény életünkben.

Attól a pillanattól kezdve, hogy volt egy kis hatalmuk, más szavakkal, mióta volt egy kis hitük, az egyház Filadelfiában megtartotta az Isten szavát, amit megtanult, és felnőtt a hitében.

Tény, nem könnyű a keresztény élet legelején megtartani az Isten szavát ilyen kevés hatalommal. Mivel kevés az erejük, hogy legyőzzék a világot, annak ellenére, hogy tudják, mi az igazság, nem tudják azt a gyakorlatban is kivitelezni az életükben.

Például, üzenetet kapnak, hogy meg kell szabadulniuk a forrófejűségtől. Szóval, döntést hoznak, hogy ezek után az ige szerint élnek. De amikor találkoznak egy olyan eseménnyel, amely felháborítja őket, mérgesek lesznek, mert kevés a hatalmuk. Azonban, még ha van is egy kis hatalmuk, ha valóban az igét helyezik el a szívük középpontjában, és buzgón imádkoznak, le tudják győzni, a Szentlélek segítségével, a forrófejűségüket.

A filadelfiai gyülekezetnek volt egy kis ereje, és buzgón imádkozott és megtartotta az igét, így a hitük gyorsan felnőtt. Olyan gyülekezetté tudtak válni, amely dicsérő szavakat kapott az Úrtól.

Tartva az Isten szavát egy kis hatalommal azt jelenti, hogy bár igazából hatalmas erővel rendelkeztek, az Isten akaratát alázattal teljesítették, mintha csak kevés hatalommal bírtak volna. Vizsgáljuk meg ezt Jézus, a mi Urunk példáján keresztül.

Jézus eredetileg egy Istennel, az Atyával. Ő az egyetlen Fia Istennek, és az Ő hatalma és tekintélye ugyanaz, mint az Istené. De Jézus magára öltötte egy alávaló ember testét, amikor lejött a földre. Ugyanúgy élt, mint ahogy az emberi lények élnek. Meg kellett szenvednie ugyanazt az éhséget, fáradtságot, hideget és fájdalmakat a testben, mint amilyent az emberi lények megszenvednek.

Ő teljesítette a Szabadító feladatát, nem Isten fenséges és dicsőséges Fiaként, hanem egy hétköznapi ember kis teljesítményének formájában. Bár mindenható hatalommal bírt, mindent az igazságnak megfelelően valósított meg, mint egy egyszerű ember, minimális és korlátozott hatalommal.

Hasonlóképpen, bár néhányan közülünk is jó szívvel és erős potenciállal rendelkezünk, Isten nem ad nekünk feltétel nélkül nagy hatalmat a kezdetektől fogva. Isten vezet minket, lépésről lépésre, hogy a kis erő, amellyel bírunk, nagy hatalmat jelentsen egyre inkább.

A kis hatalommal Filadelfia gyülekezete nem tagadta meg Isten nevét

Filadelfia gyülekezete dicséretet kapott, mert megtartotta az Úr szavát, valamint nem tagadta meg az Ő nevét. Itt a "megtagadják a nevét" kifejezés nem csak fizikailag jelenti a megtagadását, valamint az Ő elhagyását.

Ha Isten akarata ismert, és valaki nem él az Ő akaratának megfelelően, tágabb értelemben ez ugyanaz, mint hogy megtagadja az Úr nevét. Vannak, akik vallják, hogy van hitük, de csak a szájukkal teszik. Azonban, lengedeznek jobbra, majd balra, kételkednek ebben, abban, és végül, visszamennek a világba, és nem is igazán próbálják követni az Ő akaratát.

Ha valaki ismeri, de nem engedelmeskedik Isten akaratának, mert triviális kérdéseknek tűnnek Isten dolgai, amikor szembesül próbákkal vagy nyomorúsággal, nem tudja legyőzni azokat. Ehelyett morog és panaszkodik Isten ellen. Talán még el is hagyja az egyházat. Azt is gondolhatja: "ez egy piti dolog." És nem engedelmeskedik az igazságnak. De a végén, előbb-utóbb szembesül a helyzettel, hogy elárulta az Urat.

Az Egyház Filadelfiában egy kis hatalommal kezdett, egy kismértékű hittel. És miközben a hitük növekedett, a tetteik elegendőek voltak ahhoz, hogy megkapják az Úr dicséretét. Minden helyzetben az ige szerint éltek. Nem tagadták meg Istent, még akkor sem, amikor szembesültek a megpróbáltatásokkal és nyomorúsággal, hanem megtartották a hitüket, és a hit kőszikláján egyre erősebben álltak.

Annak érdekében, hogy megtartsuk az Úr szavát, és ne tagadjuk meg az Úr nevét a "kis hatalmunkkal," a legfontosabb dolog, hogy nem szabad abbahagyni az imádkozást.

Nem tudjuk a hazugságot és sötétséget leküzdeni saját erőnkből és hatalmunkból kizárólag. Mivel csak Isten kegyelméből és erejéből lehetséges ez, meg kell kapnunk a kegyelmet és erőt az imádságunk ereje révén.

Azt is pontosan értenünk kell, mi az Úr akarata. Tudnunk kell, hogy mi a bűn, mi a sötétség, és mit jelent a "test." Le kell vetnünk az összes ilyent, gyorsan. Ha nem, akkor leeshetünk az igazság útjáról, és a rossz irányba mehetünk, mert nem tudjuk, hogy mi az Úr akarata.

Ezért azok, akik valóban meg szeretnék tudni az Úr akaratát, hálásak és örömtelik lehetnek, amikor megdorgálják és megfeddik őket. Azért van ez, mert meg tudják érteni az Úr akaratát, egyértelműbben, és annak megfelelően tudnak élni.

Filadelfia gyülekezet bizonyítékot kapott az Úr szeretetéről

Ahogy az Úr mondja: "Én ismerem a tetteidet," az Úr mindent tud: ki, mit tett azért, hogy megtartsa a Szavát. Annak ellenére, hogy kis erejük és kevés hitük volt, nem tagadták meg az Ő nevét, ezért Isten megmutatta nekik az Ő szeretetének bizonyítékait.

Azt mondta: "Ímé én adok a Sátán zsinagógájából, azok közül, a kik zsidóknak mondják magukat és nem azok, hanem hazudnak; ímé azt mívelem, hogy azok eljőjjenek és leboruljanak a te lábaid előtt, és megtudják, hogy én szerettelek téged." (9. vers).

Mint azt korábban kifejtettük, a "Sátán zsinagógájának" egy vagy két ember csoportosulása számít, aki az igazság ellen beszél, és gondot okoz az egyházon belül. És azok, "akik azt mondják, hogy ők zsidók, és nem azok," – valójában ezek, akik azt mondják, hisznek Istenben, és hogy ők Isten gyermekei, de valójában a Sátán zsinagógájához tartoznak. Ezek akadályozzák Isten királyságát.

Magukat Isten gyermekeinek nevezik a szájukkal, de nem élnek az igazságban, és pletykálnak, bíráskodnak és elítélnek másokat. Csak gondokat és vitákat hoznak a templomba.

Ha valami nem felel meg az ötleteiknek vagy kereteiknek, el is elítélik akár azokat az embereket, akik az Isten dicsőségének csodálatos dolgait és jeleit mutatják. "Azok, akik azt mondják, hogy ők zsidók, de nem azok," – azok, akik azt mondják, hogy hívők, de üldözik az egyházakat és a lelkipásztorokat, akiket Isten maga választott, és akadályozzák az Isten királyságát.

A Biblia azt mondja: az, aki tagadja Jézus Krisztust, az hazug, és maga az Antikrisztus (1János 2, 22). De vannak, akik hazudnak, bár azt mondják, hogy hisznek.
1 János 1:6 így szól: "Ha azt mondjuk, hogy közösségünk van vele, és sötétségben járunk; hazudunk és nem az igazságot cselekeszszük." Mint mondta, a hazugok azok, akik azt mondják, hogy hisznek, de valójában nem élik az Isten szavát.

Az Úr azt mondja: "ímé azt mívelem, hogy azok eljőjjenek és leboruljanak a te lábaid előtt." Ez azt jelenti, hogy még az ilyen emberek is előbb-utóbb észreveszik, hogy törvénysértéseket követtek el Isten előtt, az Ő hatalma előtt, ezért megtérnek. Ezen keresztül, Isten megerősíti, hogy szereti az egyházat és az Ő szolgáit.

Filadelfia gyülekezete is szenvedett az üldöztetésektől és nehézségektől azok részéről, akik azt mondták, hogy zsidók voltak, de valójában nem voltak azok. De Isten az ilyen embereket elhozta, hogy térjenek meg az egyház előtt. Isten megmutatta a bizonyítékot arra, hogy szerette Filadelfia gyülekezetét. De nem mindegyik ember tartott bűnbánatot, és fordult vissza.

Ők már elkövették a Szentlélek káromlását az által, hogy a Szentlélek ellen szóltak. Szóval, nem könnyű nekik, hogy megtérjenek, és bocsánatot kérjenek (Máté 12:31-32). De azok között, akik magukat zsidóknak mondják, vannak, akik jó szívvel bírnak. Amikor meghallják az igazság szavát, és meglátják Isten hatalmának megnyilvánulását a különböző munkákban, ők is rájönnek a bűneikre, és bűnbánatot tartanak.

Isten a szeretetét a próbák által mutatja meg

Néha, Isten segítségével az Ő szeretett gyermekei üldöztetéseken vagy nehézségeken kell hogy átmenjenek, mert ebben a folyamatban megtörténik az ő kifinomításuk. De a végén kiderül, hogy ez áldás rajtuk, és biztosan lesz erre bizonyíték. Másrészt azok, akik üldöznek, vagy bajt hoznak, szembe fognak nézni az ítéletükkel az igazság óráján.

Ez azért van, mert ha valaki egy személy vagy egy templom ellen van, amelyeket Isten szeret és garantál, olyan, mintha maga Isten ellen lenne. Tehát, amikor olvassuk a Bibliát, azt látjuk, hogy az ilyen emberek tragédiától szenvedtek a végén. Amikor az emberek vallják, hogy szeretik Istent, bizonyítaniuk kell ezt bizonyítékokkal, melyek a szerelmet kísérő tettek.

Hasonlóképpen, Isten nem csak azt mondja az Ő gyermekeinek, hogy "szeretlek", hanem ki is mutatja a szeretetét, szilárd bizonyítékokkal.

A Bibliában azok, akik Istent szeretik, bizonyítani tudták egyértelmű bizonyítékokkal, hogy Isten velük volt. Isten ugyanaz tegnap és ma és mindörökké, és Isten megmutatja különböző módon a bizonyítékokat, hogy melyek azok az egyházak és lelkipásztorok, amelyeket Ő szeret.

Először is, Isten bizonyítja, számtalan művel, hogy Ő az élő Isten. Szintén a Szentlélek ihletével Isten értelmezi a spirituális birodalom mély titkát, melyet senki más nem ért. Az ellenséges ördög megpróbál zavart kelteni, de Isten megmutatja a bizonyítékokat az által, hogy megvédi őket.

Ezen kívül azoknak a gátoló cselekedetei, akik magukat zsidóknak vallják magukat, bár nem azok, szilárd dobbantódeszkává válhatnak, hogy Isten nagyobb hatalma megnyilvánulhasson.

Az ellenséges ördög és a Sátán megindíthat gonosz embereket, hogy próbákat és üldöztetéseket hozzanak Isten választott népe ellen, de ezen keresztül még nagyobb erőt kaphatnak Isten törvénye szerint, mely az igazságosság jegyében működik. Amilyen mértékben a jóság, a szeretet és a hit jegyében győzedelmeskednek, olyan mértékben kapnak még nagyobb erőt Istentől. Végül, egy magas szint érhető el Isten erejéből az Isten választott népe számára.

Filadelfia gyülekezete elkerülte a próba óráját

A hívők Filadelfia gyülekezetében megtartották Isten szavát, és nem tagadták meg az Úr nevét, még kevés imával sem. Az Ő kitartásának szavát is megtartották, ezért megszabadultak a tesztek órájától (10. vers). Miért mondja ezt: "a kitartás szavát"?

Annak érdekében, hogy az Isten szavát megtartsuk, néha szükségünk van kitartásra, rengetegre. Ez különösen akkor igaz, ha van egy kis hatalmunk, vagy a hitünk törékeny. Mivel ebben a fázisában a gyenge hit miatt a hazugság követése erősebb a szívünkben, mint a jóság és az igazság követése, annak érdekében, hogy leküzdjük ezt, és a harcot a bűn ellen fel tudjuk venni, hogy az igazságot követhessük, folyamatosan imádkoznunk és böjtölnünk kell.

Hagynunk kell nyugodni a szívünket, mert az igazság szíve erősebb, mint a hamisságé, ezért könnyebb lesz az igazságot követnünk. Nem kell tűrnünk, vagy elnyomjuk a vágyainkat, mint korábban. Az igazság tettei természetesen jönnek, csak egy kis erőfeszítést kell tennünk.

De ne hagyjuk a szívünket teljesen nyugodni csak azért, mert az igazság szíve erősebb, mint a hazugságé. Addig is, amíg levetjük a gonosz minden formáját, el kell elviselni kitartással azt, ami következik, és ellenőriznünk kell azt, ami bekövetkezik.

Amikor megpróbáljuk elviselni kitartással, ami minket vár, és mindent megteszünk, hogy az Isten szava szerint éljünk, a hitünk mértékének megfelelően, Isten számon tartja törekvésünket mint a hit tettét. Isten óvja az ilyen gyermekeket, és megáldja őket, hogy elkerüljék a nehézségeket.

Aztán, mit jelent az "távol tartalak a próbák órájától?" Isten biztosan visszafizeti az embereket aszerint, amit tettek. Az Ő gyermekei az igében élnek, és annak fényében, ezért Isten megvédi őket a hatóságtól és a sötétségtől.

Például, amíg megtartják a szombatot szentnek, és az egész tizedet befizetik, Isten számukra védelmet adhat az alapvető területeken. Még ha balesetet okoznak is véletlenül a saját hibájukból, Isten megvédi őket úgy, hogy nem sérülnek meg. Mi van, ha tartják kitartással az igét, és az igazságban élnek? Természetesen Isten megóvja őket minden téren.

Miért megyünk át gondokon és megpróbáltatásokon?

Egyes keresztények úgy tűnik, hogy jó keresztény életet élnek, de szenvednek a különböző vizsgák és megpróbáltatások miatt. Vannak emberek, akik olyan dolgokat gondolnak róluk: "Lehet, hogy elkövetett bűnöket Isten előtt," vagy "Csak akkor működnek, ha mások is láthatják őket." Elkezdik a pletykát, méricskélést, bíráskodást és ítélkezést.

Természetesen, ha Isten gyermekei betartják az Ő Szavát, és az igazságban élnek, Isten megvédi őket, így elkerülhetik a megpróbáltatásokat és a nyomorúságot. Még ha Isten gyermekei szembe is néznek gondokkal, Isten mindent jóvá tesz nekik (Róma 8:28). Tehát, ha nem véd meg bennünket Isten, és ezért szenvedünk a kísérletektől és megpróbáltatásoktól, vissza kell tekintenünk magunkra, és megvizsgálnunk, hogy helyesen jártunk-e el az Isten szemében.

Néha azonban előfordulhat, hogy szembe kell néznünk kísérletekkel akkor is, ha megfelelő keresztény életet éltünk. Ebben az esetben ez egy próba, amely által Isten megengedi számunkra az áldást. Ezért, amikor azt látjuk, hogy valaki szenved a próbák miatt, nem szabad megítélnünk őt az alapján, amit kívülről látunk, azt gondolva, hogy az igazságot látjuk.

Például, amikor Józsefet eladták rabszolgának egy másik országba, és mikor jogtalanul börtönbe került, úgy tűnt, hogy szenved a kínoktól, ha a testi dolgok szempontjából gondolkodunk. De mindezeket azért engedték meg, az Isten gondviseléséből, mert Ő eltervezte, hogy József uralkodó lesz, és létrehozza Izrael alapjait. Szóval, ezen vizsgák eredményeként nem csak a személyes áldás jutott Józsefnek, hanem nagy dicsőséget szerzett Istennek.

Ugyanez történik, amikor hűséges keresztényeket üldöznek, sőt vértanúságot szenvednek. Ez nem jelenti azt, hogy nem védelmezi őket Isten. Sokkal inkább az a helyzet, hogy győztek a megpróbáltatásaik során.

Ahogy a Rómaiak 8:18- ban találjuk: "Mert azt tartom, hogy a miket most szenvedünk, nem hasonlíthatók ahhoz a dicsőséghez, mely nékünk megjelentetik," azaz, megkaphatják a dicsőséget, amely nem hasonlítható a földi szenvedéshez.

Ez a "vizsga órája" a hétéves nagy nyomorúságra utal. Ezért, mivel az utolsó időben élünk, ébernek kell maradnunk, hogy ne essünk el a teszt vagy próba idején.

A világ végső idején, ha csak templomba járunk, de nem gyakoroljuk Isten szavát, és ha megbarátkozunk a világgal, akkor nem fog felvinni magával a levegőbe az Úr, amikor visszajön. Ehelyett, a hét éves nagy nyomorúság vár majd ránk. Azonban, ha megtartjuk az igét kitartással, akkor nem csak megmenekülünk a próbatétel órájától, hanem a hét éves esküvői bankettre is bekerülünk, amelyet a levegőben tartanak, együtt az Úrral.

Amikor az Úr visszajön megint a levegőben, azok, akik az Úrban aludtak, fognak felemelkedni először. Aztán azok, akik élnek, és elfogadták az Urat, magukra veszik a feltámadt testet, és felmennek a levegőbe. A hétéves esküvői banketten vesznek majd részt a levegőben.

Ez idő alatt a Szentlélek elmegy a földről. A világ számára elkezdődik a hétéves nagy nyomorúság. A sötétség hatalma teljes ellenőrzése alatt tartja a világot. Az Antikrisztus megjelenik. Az ő népe meg fogja találni azokat, akik megpróbálják megtartani a Jézus Krisztusba vetett hitüket. Súlyos kínzásokkal megpróbálják elérni, hogy megtagadják az Urat.

Annak érdekében, hogy a hétéves nagy nyomorúságot elkerüljük, legyünk éberek, imádkozzunk, és díszítsük magunkat, mint az Úr menyasszonyai. Nevezetesen, a gonosz minden formáját el kell dobnunk magunktól, hogy elérjük az Úr szívét.

AZ ÚR ÍGÉRETE A FILADELFIAI GYÜLEKEZETNEK

Imé eljövök hamar: tartsd meg a mi nálad van, hogy senki el ne vegye a te koronádat. A ki győz, oszloppá teszem azt az én Istenemnek templomában, és többé onnét ki nem jő; és felírom ő reá az én Istenemnek nevét, és az én Istenem városának nevét, az új Jeruzsálemét, a mely az égből száll alá az én Istenemtől, és az én új nevemet. A kinek van füle, hallja, mit mond a Lélek a gyülekezeteknek. (Jelenések 3:11-13).

A filadelfiai gyülekezet megtartotta az igét kitartással, egészen az elejétől fogva, amikor volt egy kis erejük, és így az Úr megnyitotta a kaput az áldásaik felé, és megmutatta nekik a bizonyítékokat, amelyek az Ő szeretetéről szóltak.

Sőt, azt mondta nekik: gyorsan eljön Ő, és hogyan kell nekik viselkedniük (11. vers).

A mi Urunk ígérete, mi szerint: "Gyorsan jövök!" nem csupán 2000 évvel ezelőtt, hanem ma is érvényes. Egyes emberek azt mondják: "Azt mondta, hogy gyorsan visszajön, de miért van, hogy mégis ilyen lassan jön?" De igazából nem lassan érkezik. A szava folyamatosan teljesült, egészen a jelen pillanatig. A legtöbb ember csak 70 vagy 80 éves koráig él egészségben, majd találkozik az Úrral, aki azt mondja: "Gyorsan jövök."

Tehát ne gondoljuk, hogy az Úr eljövetele lassú (2 Péter 3:9-10), de készüljünk fel jól, hogy üdvözölhessük az Urat bármikor.

Aztán, melyek az Úr áldásai és tanácsa a filadelfiai egyház számára?

Az Úr azt szeretné, ha megtartanánk, amink van

Először is, az Úr azt mondta a filadefiai gyülekezetnek: "tartsátok meg, amitek van, hogy senki se vegye el a koronátokat" (11. vers). Egyszer azt mondta a mi Urunk az Thiatira egyházának: "Hanem a mi nálatok van, azt tartsátok meg addig, míg eljövök." (Jel 2:25). Ez azt jelenti, hogy meg kell tartani a hitet, hogy ne veszítsük el az esélyt a megváltásra.

De amikor az Úr azt mondta a filadelfiai egyháznak, hogy "tartsátok meg, amitek van," ez nem csak a megváltás kérdése volt.

Attól az időtől, hogy a kis hitük ereje megvolt, az egyház tagjai Filadelfiában megtartották Isten szavát. Szóval, itt az van, hogy eleget kell tenniük az Istentől kapott feladataiknak úgy, hogy képesek legyenek fogadni a koronát és a jutalmakat, amelyeket Isten megígért nekik, hogy majd a mennyben megkapnak. Tehát a mi Urunk figyelmezteti őket, hogy ne veszítsék el a koronát az által, hogy sérülnek valahol félúton.

Természetesen, amint a mennyben vagyunk, a koronát, amit már megkaptunk, soha senki nem fogja elvenni. De amíg ezen a földön vagyunk, ha feladjuk a harcot, vagy megsérülünk valahol a középúton, a koronát, amit meg kellene hogy kapjunk a mennyben, el fogják venni tőlünk.

Ha igazán van hitünk és reménységünk a mennyországban, akkor nem szabad sem elhanyagolnunk az Istentől kapott feladatainkat, sem lemondanunk róluk, hogy ne veszítsük el az ígért koronát. Nem lehet arrogáns az elménk a feladatainkat tekintve, és nem gondolhatjuk ezt: "Ezt nem lehet megtenni nélkülem." A villanyoszlopot el lehet távolítani. Meg kell tartanunk az alázatos hozzáállásunkat, az első szerelmünket, és a kezdeti lelkesedésünket is.

Isten soha nem szűnik meg teljesíteni a munkáit. Szóval, ha nem teljesítjük a feladatainkat, semmilyen körülmények között, Isten el fogja végezni a Műveit valaki más által, akit ő már felkészített erre.

Isten nem veszi el azonnal a feladatunkat csak azért, mert elhanyagoltuk azt egyszer vagy kétszer. Ő biztosan újra és újra esélyt ad nekünk arra, hogy megjavuljunk. De ha ugyanolyanok maradunk annak ellenére, hogy a sok esélyt megkaptuk, Isten egy másik személlyel helyettesít bennünket, aki megvalósítja az Isten birodalmát.

Már évek óta szorgalmasan eldobjuk a bűnöket, és menetelünk előre a reménnyel a mennyországban. Tehát soha nem szabad elveszíteni a jutalmakat, amelyeket a mennyben tárolunk azzal, hogy visszatekintünk a világra.

Tegyük fel, hogy hűségesek voltunk a keresztény életben, és jó lakóhelyet kaphatunk a mennyben. De, ha elkövetjük azokat a bűnöket, amelyek halált okoznak, még ha megtérünk, és elfordulunk is a bűneinktől, újra kell kezdenünk a Paradicsomtól kezdve, amely a legalacsonyabb lakóhely.

De ha tényleg visszafordulunk, és megkapjuk a kegyelmet Istentől a törekvésünkért, vissza tudjuk állítani a korábbi állapotot. A törekvésünk szerint, várhatjuk a jó lakhelyeket a mennyben.

Az áldás, amellyel Isten templomának pilléreivé válunk

Amikor a filadelfiai gyülekezet megtartotta, amije volt, és végül képes volt győzedelmeskedni, az Úr tett nekik egy ígéretet, hogy megtenné őket egy pillérré az Ő Istenének templomában (12. vers).

"Az én Istenemnek temploma" itt azt a helyet jelenti, ahol Isten trónja található. Ez Új Jeruzsálem. Az, hogy oszloppá válunk Új Jeruzsálemben azt jelenti, hogy egyik fontos figurája vagyunk Új Jeruzsálemnek. Ez egy nagy áldás.

De ezt az áldást nem adják mindenkinek, csak azoknak, akik győzedelmeskedtek. Az egyház tagjainak Filadelfiában kis hite volt, de megtartotta az Isten szavát, és soha nem tagadta meg az Úr nevét. Ennek megfelelően, ahogy a hitük növekedett, gyakorolni tudták az igazat, és el tudták érni a teljes megszentelődést. És hűségesen tudták teljesíteni Isten-adta feladatukat.

Ez az élete annak, aki győzedelmeskedik, továbbá azé az emberé, akinek hitét elismeri tökéletesként az Úr, és az ilyen ember pillér lesz Új Jeruzsálemben. De még ha az Isten meg is adta az áldás ígéretét a számunkra, ha nem ragaszkodunk hozzá, és folyamatosan nem őrizzük meg a szívünket, az áldások ígéretét el fogják venni tőlünk.

Amikor állhatatosan elvégezzük a feladatainkat és küzdünk, amíg az adott szó beteljesül, akkor megkaphatjuk a megígért koronát is, valamint a jutalmakat és az áldást, hogy pillérek legyünk Új Jeruzsálemben.

Mivel Isten soha nem változik, ő soha nem veszi el ezeket az áldásokat. Mivel ezeket az áldásokat soha nem lehet elvenni, az Úr azt mondja: "És ő nem megy ki többé."

Az Úr továbbra is ezt mondja: "és felírom ő reá az én Istenemnek nevét, és az én Istenem városának nevét, az új Jeruzsálemét, a mely az égből száll alá az én Istenemtől, és az én új nevemet" (12. vers). Ez azt jelenti, hogy Isten igazolja és garantálja az ígéretét azzal, hogy lepecsételi azt az Isten nevében, Új Jeruzsálem nevében, valamint a mi Urunk új nevében.

A mi Urunk neve ez: "a királyok Királya és az uraknak Ura". Ez a dicső név adatott az Úr Jézusnak, aki elvégezte a gondviselés által az emberi megváltás feladatát azzal, hogy megmentett minket a bűneinktől, feltámadt, és felment a mennybe (Filippi 2:9-11).

Képességek, amelyekkel be lehet jutni Új Jeruzsálembe

Jeruzsálem volt Izrael fővárosa. Izráel királyai itt tartózkodtak. Minden áldozatot, amelyet felajánlottak Istennek, Isten Szent Templomában mutattak be, Jeruzsálemben. Mindazonáltal, Új Jeruzsálem nem olyan, mint Jeruzsálem ezen a földön, amely el fog tűnni az idő végén. A Szent Város, Jeruzsálem örök, ahol a szent Isten Maga lakik (Jelenések 21:1-2).

Csak azok, akik teljesen megszenteltek és hűségesek ezen a földön, mehetnek be Új Jeruzsálembe. Ott, Isten lehetővé teszi számukra az örök dicsőséget. Ezért is nevezik a "Dicsőség Városának." A remény ezen ígérete nem csak a filadelfiai egyháznak szól, hanem az összes gyülekezetnek és a hívőknek, akik úgy viselkednek, mint a filadelfiai egyház és annak tagjai.

De nem tudunk ide bemenni, ha nem vagyunk hűek a lehető legnagyobb mértékben, a hit teljes mértékével. Meg kell valósítani a teljes megszentelődést, a gonosz bármilyen formája nélkül, és Isten összes házában hűségesnek kell lennünk. Csak a legmagasabb szintű hittel tudunk bemenni. A hitünk nem tudja elérni ezt a szintet egyetlen nap alatt. Ennek a szintnek az elérése nem valósítható meg csak a saját erőnkből.

A Bibliában, a hit azon apái, akiket úgy ítéltek meg, hogy méltók belépni Új Jeruzsálembe, mint a tiszta arany, olyanná alakultak a súlyos próbák finomítása miatt, az Isten gondviseléséből. Ők teljesítették a feladatukat, amit nem tudtak ugyanígy megtenni a közönséges emberek, még a halálig is elmenve. Csak ekkor kaphatták meg azt a minősítést, hogy beléphettek Új Jeruzsálembe.

Ezért hadd tartsuk meg az igét változás nélkül, bár még csak egy kis hitünk van. Kapjuk meg a bizonyítékot arra, hogy Isten szeret minket azáltal, hogy teljes mértékben megszenteltek és teljesen hűek leszünk, valamint kapjuk meg azt az áldást is, hogy Új Jeruzsálem pillére leszünk.

HETEDIK FEJEZET

LAODÍCEA GYÜLEKEZETE :
- Egy nagy gyülekezet, amely sem forró, sem hideg nem volt

A laodíceai gyülekezet tagjai élvezték a gazdag életet, de szörnyű helyzetben voltak. Lelkileg nagy erőpróbáik voltak, vakok voltak, és meztelenek. Az Úr megrótta őket azért, hogy sem melegek, sem hidegek nem voltak igazán, és azt mondta nekik, hogy legyenek lelkesebbek, és térjenek meg.

Ez a szó azoknak a mai egyházaknak is szól, akik nem lelkesek, vagy állhatatlanok, mondván: "Gazdagok vagyunk, és nem hiányzik semmi."

Jelenések 3:14-22

A Laodiczeabeli gyülekezet angyalának is írd meg: Ezt mondja az Ámen, a hű és igaz bizonyság, az Isten teremtésének kezdete:

Tudom a te dolgaidat, hogy te sem hideg nem vagy, sem hév; vajha hideg volnál, vagy hév. Így mivel lágymeleg vagy, sem hideg, sem hév, kivetlek téged az én számból. Mivel ezt mondod: Gazdag vagyok, és meggazdagodtam és semmire nincs szükségem; és nem tudod, hogy te vagy a nyomorult és a nyavalyás és szegény és vak és mezítelen: Azt tanácslom néked, hogy végy tőlem tűzben megpróbált aranyat, hogy gazdaggá légy; és fehér ruhákat, hogy öltözeted legyen, és ne láttassék ki a te mezítelenségednek rútsága; és szemgyógyító írral kend meg a te szemeidet, hogy láss. A kiket én szeretek, megfeddem és megfenyítem: légy buzgóságos azért, és térj meg. Ímé az ajtó előtt állok és zörgetek; ha valaki meghallja az én szómat és megnyitja az ajtót, bemegyek ahhoz és vele vacsorálok, és ő én velem. A ki győz, megadom annak, hogy az én királyiszékembe űljön velem, a mint én is győztem és ültem az én Atyámmal az ő királyiszékében. A kinek van füle, hallja, mit mond a Lélek a gyülekezeteknek.'

AZ ÚR LEVELE A LAODÍCEAI GYÜLEKEZETNEK

A Laodiczeabeli gyülekezet angyalának is írd meg: Ezt mondja az Ámen, a hű és igaz bizonyság, az Isten teremtésének kezdete: (Jelenések 3:14).

Az evangéliumot Laodíceában Epafrodituson keresztül terjesztették, aki munkatársa volt Pál apostolnak. Pál apostolnak is volt érdeke Laodiceában (Kol 4:15-16). Laodicea gyülekezete kedvező feltételek mellett jött létre. Volt egy jó környezet, de ahelyett, hogy növekedtek volna a lelki életben, stagnáltak a pénz kísértése miatt, valamint a kényelem miatt, amely jelen volt az életükben. Az Úr szemrehányást kellett hogy tegyen nekik azért, mert langyosak voltak. Ez volt az az egyház, amely csak dorgálást kapott, dícséret nélkül, az Úrtól. Sárdis gyülekezete szidást kapott, mégis volt néhány olyan ember benne, aki nem piszkította be a ruháit. De

Laodicea gyülekezete csak feddést kapott.

Az ámen, a hűséges és igaz tanú

A Szentírás beszél az Úrról, aki a laodiceai gyülekezet angyalának ír: "az Ámen, a hű és igaz bizonyság, az Isten teremtésének kezdete (14. vers). Az Úr azt mondta: "igen" és "ámen" az Atya Isten előtt.

Nem létezett engedetlenség úgy, hogy azt mondta volna: "Nem." Jézus Isten formájában létezett, de Ő nem tekintette az Istennel való egyenlőséget valami olyannak, amit meg kell ragadni. Ő az emberek hasonlatosságára jött a földre.

Amíg a dicsőséges Isten Fia megvetett volt, mivel a saját teremtményei megvetették és megfeszítették, már csak az "igen" létezett Benne (Fil 2:6-8). Ezért 2Kor 1:19 azt mondja: "Mert az Isten Fia Jézus Krisztus, a kit köztetek mi hirdettünk, én és Silvánus és Timótheus, nem volt igen és nem, hanem [az] igen lett ő benne."

Nekünk, Isten gyermekeinek, képesnek kell lennünk arra, hogy csak "Igent" és "Áment" mondjunk Isten előtt. Meg kell vizsgálnunk az ötletünket, elméletünket, vagy a gondolatainkat, és engedelmeskednünk kell Isten szavának. Sok hívő nem igazán hisz, vagy engedelmeskedik az igének, ha azt gondolja, hogy az Isten szava nincs összhangban a saját gondolkodásával.

Néha úgy tűnik, hogy engedelmeskednek az igének az elején, de ha nehézségekbe ütköznek, akkor megváltoznak a gondolataik, és testivé válnak. Ez lesz az oka annak, hogy nem tudják megtapasztalni Isten művét, és nem tudnak Neki dicsőséget adni.

A 2 Korinthusi 1:20 ezt tartalmazza: "Mert Istennek valamennyi igérete ő benne [lett] igenné [és] ő benne [lett] Ámenné az Isten dicsőségére mi általunk." Ahogy az Úr tette, nekünk is engedelmeskedünk kell úgy, hogy csak "igen" és "ámen" hagyja el a szájunkat, és így Isten garantálja az engedelmességünk eredményét. Így képesek leszünk olyan életet élni, hogy csak dicsőséget adunk Istennek.

Továbbá: az Úr "a hű és igaz tanú." A hűséges ember nem képes a saját elképzeléseit érvényesíteni. Még csak nem is törekszik a saját javára. Csak az "Igen" és "Ámen" van meg benne. Például, amikor a király parancsol, a hű szolga megy akkor is, ha tudja, hogy meghalhat.

Mivel a mi Urunk Jézus hű volt, ő csak engedelmeskedett, "ámen"-nel, a halál pillanatáig akár, és a végén teljesen beváltott minden próféciát, amelyeket a Messiással kapcsolatban megjövendöltek az Ószövetségben. Ezért, ahogy az Úr hűségesen teljesítette Isten igéjét, ő lett az igaz bizonyság arra, hogy Isten ígérete teljesen teljesül.

Az Úr a teremtés kezdete

Az Úr "a teremtés kezdete," ahogy a Kolosszeusz 1:15-17 tartalmazza: "A ki képe a láthatatlan Istennek, minden teremtménynek előtte született; Mert Ő benne teremtetett minden, a mi van a mennyekben és a földön, láthatók és láthatatlanok, akár királyi székek, akár uraságok, akár fejedelemségek, akár hatalmasságok; mindenek Ő általa és Ő reá nézve teremttettek; És Ő előbb volt mindennél, és minden Ő benne áll fenn."

Eredetileg az egész univerzum és minden, ami benne van, az Isten szavától jött létre. János 1:1 ezt tartalmazza: "Kezdetben vala az Íge, és az Íge vala az Istennél, és Isten vala az Íge." Az Úr azonos eredetű Istennel, és az Ige, amely eljött erre a világra, Jézus volt. Ezért az Úr a kezdete Isten teremtésének.

Akkor miért van az, hogy az Úr megmagyarázza: "ezt mondja az Ámen, a hű és igaz bizonyság, az Isten teremtésének kezdete," mielőtt beszél a laodiceai gyülekezethez? Ez annak a megerősítése, hogy Isten által mindez biztosan be fog következni, és hogy az Isten ítélete igazságos és helyes.

Az Úr - aki a kezdete az Isten teremtésének, és aki tökéletesen megvalósította Isten szavát, csak "igennel" és "ámennel" - azt akarja, hogy emlékeztessen minket arra, hogy az ige, amelyet a laodiceai gyülekezet kap, be fog teljesülni.

Mai esetek, amelyek olyanok, mint a laodiceai egyház

Amikor egy egyház keményen imádkozik, és dolgozik hűségesen az Isten dicsőségéért, Isten megújulást és pénzügyi áldást ad nekik. Minden egyes tagjának a megfelelő áldásokat adja, azokat, amelyeket megérdemlik. Vannak templomok ma, amelyek visszaélnek az Isten adta áldással. Azaz, amint az áldás megadatott, a templom és a tagok kompromisszumot kötnek a világgal.

Az egyház méretének növekedésével bizonyos mértékig szert tesznek gazdagságra, hírnévre, és szociális tekintélyre. Ha elhanyagolják az Isten dolgait, és követik a hírnevet és a gazdagságot, Isten és a világ között játszanak, élnek és cselekszenek. Ahelyett, hogy az érdeklődésüket több lélek megmentése felé irányítanák, és Isten királyságának bővítésén dolgoznának, kompromisszumot kötnek a világgal. Egyre jobban a világhoz kapcsolódnak majd, és egyesülnek azokkal, akik vagyont, hírnevet, és tekintélyt halmoztak fel.

Természetesen ez nem jelenti azt, hogy bojkottálják vagy kizárják azokat, akik vagyont, hírnevet és tekintélyt halmoztak fel a világon. Át kell fogniuk őket a Krisztus szeretetével, közösséget kell vállalniuk velük, és hitet kell plántálniuk beléjük, hogy adjanak dicsőséget Istennek. Bizony ily módon, ez egy jó dolog.

De anélkül, hogy valódi érdeklődés lenne bennük ilyen célok iránt, és csak azért, hogy nagyobb gazdagságot, hírnevet és tekintélyt érjenek el, bizonyos templomok kompromisszumot kötnek a világgal. Az Úr ezeket az egyházakat megrója, mondván, hogy langyosak.

LAODICEA GYÜLEKEZETÉNEK MEGRÓVÁSA

Tudom a te dolgaidat, hogy te sem hideg nem vagy, sem hév; vajha hideg volnál, vagy hév. Így mivel lágymeleg vagy, sem hideg, sem hév, kivetlek téged az én számból. Mivel ezt mondod: Gazdag vagyok, és meggazdagodtam és semmire nincs szükségem; és nem tudod, hogy te vagy a nyomorult és a nyavalyás és szegény és vak és mezítelen: (Jelenések 3:15-17).

Abban az időben sok gyapjú volt Laodiceában. Olyan gazdagok voltak, hogy már a korai történelmük során voltak kereskedelmi bankjaik. Még a nagy földrengés idején is, i.e. 17-ben, felépítették a várost a Római Birodalom segítsége nélkül.

A laodiceai gyülekezet ebben a gazdagságban nőtt fel, és az

Úr megfeddte őket azért, amiért sem melegek, sem hidegek, hanem langyosak voltak. Az Úr azt mondta nekik, hogy vagy hidegek vagy melegek legyenek, vagy kiköpi őket a szájából.

Langyos hit, mely sem meleg, sem hideg

Amikor felmelegítjük a hideg vizet, meleg lesz, de amikor abbahagyjuk a melegítést, langyossá válik, és végül hideg lesz. Akkor mégis, mi a hideg, meleg és langyos a hitben? "Hidegnek lenni" a lélekben azt jelenti, hogy "nem működik a Szentlélek az ember szívében", ez az a helyzet, amelyben nem állunk kapcsolatban az üdvösséggel.

Néha a templomba járók között vannak, akik nem kapták meg a Szentlelket, így nem tudják, mi az igazi hit, és nem értik, mi a megváltás. Továbbá, a keresztények körében, akik egyszer megkapták a Szentlelket, vannak, akik nem tudtak megszabadulni a vágyaiktól a világ iránt. Ennek eredményeként később kioltják a Szentlelket, visszatérve a világba. Az Úr azt mondja, hogy ezek az emberek, akik eltávolodnak a megváltástól, "hidegek."

Másrészt, a "meleg" állapotot jelzi az is, hogy azoknak a hite, akik megkapták a Szentlelket, állandóan növekszik azáltal, hogy új spirituális erőt kapnak minden nap. Amikor kinyitjuk az ajtót szívünkön, és megkapjuk a Szentlelket, meg tudjuk érteni Isten szavát a Szentlélek segítségével. Ahogy többet megtudunk

Istenről, és ahogy próbáljuk követni az igazságot apránként, tele leszünk a Szentlélekkel, és kegyelmet és erőt kapunk Istentől, és fokozatosan követjük a Szentlelket minden helyzetben.

Mivel a bűn ellen küzdünk akár a saját vérünk ontásáig is, a test meghal, de a lélek növekszik, és mi buzgón feláldozzuk magunkat azért, hogy megvalósuljon Isten országa. Emellett, ahogy az Úr mondja a Márk 12:30-ban, képesek leszünk, hogy szeressük Istent teljes szívünkből, elménkből és erőnkből. Ez a "meleg" hit.

A meleg vagy hideg hit nem jelzi a hit mértékét. Nem feltétlenül igaz, hogy a laikus hívők hite hideg, és az sem igaz, hogy azok, akik templomba jártak sokáig, vagy rangot viselnek az egyházban, azok hite mind forró.

Természetesen, ha valakinek csekély hite van, időről időre nem csak hogy a test dolgaira koncentrál, hanem el is követi a test cselekedeteit. Ugyanis azok, akik még nem vetkőzték le teljesen a haragot, nem tudják irányítani magukat. Ekkor "a hús dolgából" "a hús cselekedete" lesz, mert dühösen veszekednek a cselekedeteikben.

De még ilyen esetben is, ha megbánja a bűneit, és azonnal visszafordul, valamint folyamatosan változik, akkor az ő hite nem tekinthető hidegnek. Más szóval, ha folyamatosan ellenőrzi magát, imádkozik, böjtöl, és erőfeszítést tesz, hogy engedelmeskedjen Isten szavának, Isten úgy ítéli majd meg, hogy a hite meleg.

Másrészt, ha valaki nem próbálja megváltoztatni magát, hiába volt keresztény hosszú ideig - vagy ha valaki tévútra megy, bár biztosan tudja, mi az Isten akarata - akkor a hite hideg . A probléma az, hogy a hideg hit nem hirtelen alakul ki. A kezdeti hit langyos hitté válik anélkül, hogy észrevennénk, és végül hideg hit lesz belőle.

A langyos hit stagnál anélkül, hogy meleggé vált volna, még ha a személy tudja is, hogy Isten él, és mind a mennyország, mind a pokol létezik. Az ilyen típusú langyos hittel, bár egy személy jár templomba gondolva, hogy van hite, nincs kommunikáció a Szentlélekkel. Ezért a Szentlélek hangja nem hallható. Az ilyen személyt nem lehet vezetni a Szentlélek által. Nem találhatja meg magát, még akkor sem, amikor hallgatja Isten szavát.

Jár templomba, mert tudja, hogy a pokolba jut, ha a hite hideg. De még mindig nem áldozza fel magát az Úrnak. Nem próbál meg többet adnak az Úrnak, így a hite nem lesz forró. Ezen túlmenően, mivel nem metéli körül a szívét, nincs változás az életében. Úgy tűnhet, hogy hűséges kívülről, de mivel nem metéli körül a szívét, bár keresztény hosszú ideje, nem történik változás mostantól egy, öt, vagy tíz évvel később sem. Nem fog különbözni más, világi embertől.

Ha ő kényelmessé válik a langyos hitében, és nem tér meg, akkor előbb-utóbb hideg lesz a hite. Ez olyan, mint a langyos víz, amely nem marad langyos, hanem hideg lesz idővel. Ezért, ha az emberek hite sokáig langyos, nem lesz semmi közük a megváltáshoz, és végül a halál útját választják. Ezért az Úr azt mondja: "Kiköplek a számból."

Az Úr szigorú figyelmeztetése a langyos hittel kapcsolatban

A hívők soha nem szabad, hogy eloltsák a Szentlelket azzal, hogy a hitük hideggé válik. A hideg hit elvágja az Istennel való kapcsolatot, lehetetlenné téve, hogy valaki megkapja az üdvösséget. Nem lehet langyos sem a hitünk. Míg a langyos hittel kapcsolatban figyelmeztet, miért mondja az Úr: "Bárcsak lennél hideg vagy meleg," ahelyett, hogy azt mondaná: "Bárcsak te is forró lennél"? Azért, mert az Úr mindent meg akar tenni azért, hogy észrevegyük, mennyire meg kell védenünk magunkat a langyos hit ellen.

Tegyük fel, hogy a hitünk kihűl. Lehet, hogy van esélyünk, hogy megtérjünk, és a forró hitet elérjük fegyelemmel. Például, amikor bűnt követünk el, és Isten elfordul tőlünk, lehet, hogy megbetegedünk. Elképzelhető, hogy baleset vagy katasztrófa történik velünk. Ezzel a fajta fegyelemmel, talán van esély, hogy a szívünket feltépjük, hogy felszakadjon a bűnbánatunk, és visszanyerjük a hitünket. Ha a hitünk kézmeleg, akkor nem könnyű, hogy egy ilyen lehetőséget megkapjunk.

De ez nem jelenti azt, hogy hideg kell hogy legyen a hitünk. Valójában, ha alávetjük magunkat a fegyelemnek, miközben a hitünk hideg, nem könnyű bűnbánatot tartanunk, és visszafordulnunk. Azért van ez, mert úgy érezzük, félünk és csüggedtek vagyunk, és nem érezzük Isten szeretetét. Sőt, milyen ostoba és fájdalmas, hogy bűnbánatot tartunk, és visszafordulunk, miután valami tragikussal találkozunk, vagy valamivel, ami katasztrofális! Bár bocsánatot kaphatunk Istentől, nem könnyű visszaállítani a kapcsolatot Istennel, miután már törést szenvedett.

A langyos hit komoly stagnálást jelent

Ha más szemszögből nézzük, a langyos hit tekinthető úgy, mint stagnálás a hitben. Ez különösen igaz azokra, akik a harmadik szintjén állnak a hitnek, akiknek képesnek kell lennie arra, hogy visszanézzenek magukra kritikusan. Az első szint a hit azon szintje, ahol azok állnak, akik nemrég fogadták el az Urat, és van hitük az üdvösség fogadására. A második szint azoknak a hite, akik meghallgatják az Isten szavát, és megpróbálják élni az Ő szavát. A harmadik szint, bizonyos mértékig, érett hit. A harmadik szinten egy személy gyakorolhatja az Isten szavát, amit meghallott.

Amint megkapjuk a Szentlelket, és folyamatosan szorgalmas életet élünk hittel, elég könnyen megközelíthetővé válunk számunkra a harmadik szint a hitben. Még jobb, ha olyan templomba járunk, amely tele van a Szentlélekkel, imával az igazság szerint, mert ekkor a hitünk is felnő, viszonylag rövid idő alatt.

Azonban, ha belépünk a hit harmadik szintjére, itt az ideje elkezdeni művelni a láthatatlan szívet inkább, mint a látható tetteket. Ezért kell, hogy még nagyobb erőfeszítéseket fordítsunk a szívünkre, az elménkre, és az erőnkre. Amikor részt veszünk az istentiszteleten, lélekben és igazságban kell imádnunk, minél nagyobb szívvel, és minél nagyobb elmével. És még buzgóbban imádkoznunk kell, a szívünk mélyéről, hogy a gyönyörű illata a szívünknek szétáramolhasson.

Amikor tesszük a feladatunkat, a hűség szintje különböző kell hogy legyen az új hívő hite és az azt követő hit esetében, amikor már felnőttünk valamelyest. Más szóval, még ha ugyanazt a feladatot teljesítjük is, mivel nagyobb lesz a hitünk, több szeretettel és jósággal fogunk cselekedni.

Az elvárások a szülők részéről különbözőek akkor, amikor a gyermekek csak kis gyerekek, és amikor felnőttek már.

Még ugyanaz a parfüm is nagyon eltérő árú lehet, aszerint, hogy mennyire koncentrált. Egy kis mennyiségű eredeti parfümkoncentrátum nagyon drága. Azonban, ha hígítják, bár növelik a mennyiséget, az ár mégis csökken.

Hasonlóan, a tetteink az Atya Isten előtt ugyanannak tűnhetnek akkor is, ha a hitünk felnő, de a minőségük jobb lesz a több spirituális szeretetünk és jóságunk miatt.

Példák a stagnáló hitre

Elméletileg mi is ismerhetjük ezeket a dolgokat jól, de könnyen megfeledkezhetünk róluk a tényleges, napról-napra történő életünkben. Mivel a külső tettek úgy tűnik, hogy ugyanazok, mint korábban, talán nem tudjuk megérteni, hogy fel kell ajánljuk Istennek a láthatatlan szívünket. Aztán, még akkor is, ha gondos keresztény életet éltünk Isten kegyelméből, lehet, hogy elveszítjük a Szentlélek teljességét, és előfordulhat, hogy az életünk a hitben csak megszokásból zajlik majd.

Lehet, hogy egyszer vagy kétszer elmulasztunk elmenni azokra az ima-összejövetelekre vagy istentiszteletekre, amelyekre korábban jártunk. Vagy akkor is, ha részt veszünk, csak a szokásos istentisztelet lesz a részünkről, nem több. Nem lesz teljes az örömünk, és az ihletet a Szentlélektől nem kapjuk meg. Csak a fizikai testünk lesz ott.

Korábban áldozatokat hoztunk Istennek örömmel, de most csak kötelességtudatból tesszük. Néha úgy érezzük, nehéz ezt tenni. Amikor a Szentlélek teljessége elmúlik, a szívünk üres és gondterhelt lesz. Végül a világba visszamegyünk, és próbáljuk megnyugtatni a szívünket, és feltöltjük világi dolgokkal. A legkisebb botlásnál, elkövethetjük a hús cselekedeteit, és létrehozunk egy nagy falat, a bűn falát Isten előtt.

Ha idáig eljutottunk, nem könnyű, hogy visszaszerezzük a lelkesedést akkor is, ha rájövünk magunktól a helyzetünkre. Mivel nincs Isten kegyelme a szívünkben, még azt sem fogjuk fel, mit jelent forró hittel vonulni. Csak azt akarjuk, hogy maradjunk meg kényelmesen a testi dolgokban.

Ezután feladjuk a reményt, hogy belépjünk Új Jeruzsálembe. Feladjuk, míg azok, akik teljesen levetették a gonoszságot a szívükből, és Isten minden házában hűségesek voltak, be tudnak lépni ide. Ehelyett, ezt gondoljuk: "Nos, én legalább beléphetek a Mennyország első házába", vagy "Elég jó, ha üdvözülök."

Az ok, amiért a langyos hit annyira veszélyes az, hogy nem tudjuk fenntartani a langyos hitet, és a langyos hit előbb-utóbb hideg lesz. Ha hagyjuk a forró vizet, először langyos lesz, és hamarosan ez után: hideg. Egy másik mód, hogy erre gondoljunk, az, mintha nem eveznénk eléggé csónakázás közben a folyó közepén. Ekkor a csónak nem marad csak úgy ott, hanem elkezd sodródni lefelé a folyón.

Ez volt a helyzet Asa királlyal, Júda királyával, a déli királyságból. 35 évvel az után, hogy trónra jutott, ő volt a király, aki Istentől függött. Amikor anyja bálványokat imádott, levetette a bálványokat a helyükről. Aggódva, hogy az emberek esetleg követik a példát, még az anyakirálynőtől is elvette azokat.

De az uralkodása utolsó részében, a hite meggyengült. Korábban, függetlenül attól, hogy milyen erősek voltak az ellenségei, csak Istentől függött, és le tudta győzni őket. De később, mikor az ellenség betört, elkezdett függni az emberektől.

Egy pogány királyhoz folyamodott segítségért. Asa királyt megfeddte Isten Hanáni, a próféta által, de nem volt hajlandó bűnbánatot tartani, és visszafordulni. Ehelyett bebörtönözte és üldözte a prófétát. Emiatt az eset miatt, Asa királyt megbüntették, és a lába is beteg lett.

Ha megtartotta volna a hitét és bizalmát Istenben, mint a szeretet és irgalom Istenében, rájött volna, hogy Isten azért büntette meg őt, mert szerette. Rájött volna, hogy Isten akart adni neki egy esélyt, hogy térjen meg. De a király nem ragaszkodott az Isten szeretetéhez, akkor sem, amikor Isten megbüntette őt. Inkább megpróbálta elkerülni Isten arcát. Az orvosoktól függött, és végül szembenézett a halállal. Ez egy olyan helyzet, amely egyértelműen igazolja: mi a végeredménye annak, ha langyos hitünk van.

A langyos hit veszélye

Egy mondás szerint, "Az öreg tehén azt képzeli, hogy soha nem volt borjú." Ez azt jelenti: ha valaki átvészeli ezeket a nehéz helyzeteket a mások segítségével, nem emlékszik később azokra az időkre, amikor nehézségek voltak az életében. Még azt is elfelejti, hogy kapott segítséget másoktól. Ugyanez vonatkozik a keresztény életre. Tegyük fel, hogy valaki nehéz helyzetben volt, sok problémája volt, de buzgón imádkozott Istenhez, és megkapta Isten kegyelmét és áldását. De aztán, ahelyett, hogy szorgalmas hívő életet élt volna, elfordult Istentől, és összebarátkozott a világgal újra.

Ezért Isten azt akarja, hogy először megadja az áldást ahhoz, hogy a lelkünk virágzó legyen, és akkor megadja ahhoz is az áldását, hogy minden más jól menjen a számunkra. Azoknak, akiknek a lelke virágzó, a hitük soha nem fog kihűlni, vagy megváltozni.

Tegyük fel, hogy van valaki, akinek a lelke még nem virágzó. Ha megmutatja a hitét, és imával elveti a magokat, a hitének a szintjén ¬- Isten igazságának megfelelően - le fogja aratni a megfelelő gyümölcsöt.

Isten biztosan megadja neki az áldást, a lelke virágzó lesz, és Isten megengedi neki, hogy learassa, amit vetett hit által az adott pillanatban. Ha csak akkor kaphat áldást, ha a lelke virágzó, akkor ki kaphat választ és áldást?

De a lényeg "az után" van, miután valaki megkapta a választ és az áldást. Attól függően, hogy hogyan tudjuk kezelni a hívő életet, a válasz és az áldás hozhat teljes gyümölcsöt a számunkra, de másfelől, az áldás teljesen el is tűnhet.

Ezért az igazán fontos dolog az, hogy milyen életet élünk, miután megkaptuk Isten áldását. Miután megkaptuk az áldást, ha csak elégedetten benne maradunk a helyzetben, lehűlünk a hitben, és összebarátkozunk a világgal, hogy minél több gazdagságot és hírnevet kapjunk, szemrehányást fogunk kapni az Úrtól.

A legfontosabb és alapvető jellemzője a langyos hitnek az, hogy megpróbálja kiterjeszteni a kerítést Isten és a világ között. Más szóval, miközben megpróbálja elérni, hogy fél lábbal a világban, a másikkal látszólag a hitben áll, az adott ember azt az oldalt választja, amelyik előnyösebb neki az adott helyzetben.

Lukács 16:13- ban, ezt mondja az Úr: "Egy szolga sem szolgálhat két úrnak: mert vagy az egyiket gyűlöli és a másikat szereti; vagy az egyikhez ragaszkodik, és a másikat megveti. Nem szolgálhattok az Istennek és a mammonnak."

A "jólét" ebben a versben nem csak az anyagi javakra vonatkozik. A világot és a világ dolgait jelképezi. Azt mondja, nem tudjuk szeretni a világot és a világ dolgait egyszerre (1Jn 2:15).

Néhány ember úgy gondolja, hogy bölcs dolog "ülni a kerítésen," miközben élik a hívő életüket, de ez soha nem bölcs, hanem inkább ostoba dolog. Isten azt mondja, ki fogja köpni az ilyen embereket a szájából (Jel 3,16). "Kiköpni a szájából" azt jelenti, hogy nem ismeri el őket, mint Isten gyermekei, és hogy nem üdvözülhetnek. Ez egy nagyon szigorú figyelmeztetés.

A laodíceai gyülekezet gazdag lelkülettel bírt

Máté 5 ezt tartalmazza: "Boldogok a lelki szegények: mert övék a mennyeknek országa." Azok, akik lélekben szegények, alázatos szívvel bírnak. Megvan a szomjúság bennük, hogy keressék Istent, és Őrá támaszkodjanak.

De azok, akik lélekben gazdagok, tele vannak gőggel, büszkeséggel, önzéssel és vágyakkal. Nem keresik Istent, hanem folyamatosan megpróbálják megtölteni a szívüket világi dolgokkal.

Vannak emberek, akik az életüket Krisztusban kezdik el, mivel lélekben szegények, de az idő múlásával, lelkük meggazdagodik. De ahogy a testi jellemzők, amelyeket korábban elnyomtak, újra felszínre törnek, szívük arra ösztönzi őket, hogy a világi dolgok felé forduljanak ismét. Nem meglepő, hogy amint gazdagságra szert tesznek, valamint hírnévre és hatóságra is, a hitük visszaváltozik újra testi hitté.

Úgy tűnik, a hitben élnek, de nincs vágy bennük, vagy szomjúság az igazságra. Fokozatosan egyre kevesebbet imádkoznak, és végül abbahagyják teljesen. Most már semmit sem tesznek a hitben, ami csak úgy jelenik meg, mint formalitás a számukra. A saját munkájukat és a művüket kezelik prioritásként, Isten és az Isten dolgai helyett. Azt mondják: "Gazdag vagyok, és semmi sem hiányzik."

Lelkileg szegény, vak és meztelen

Az Úr azt mondja: "Nem tudod, hogy te vagy a nyomorult és a nyavalyás és a szegény, vak és mezítelen" (17. vers). Ha rájönnek, és tudomásul veszik a saját hiányosságaikat, megkapják a lehetőséget, hogy megtérjenek, és ragaszkodjanak Istenhez. De a langyos hitűek azt hiszik, hogy gazdagok. Aztán, nem tudják felszámolni a hiányosságaikat, mert nem is ismerik őket.

A Szentlélek sóhajtozik, de nem ismerik fel. Szóval, nem próbálnak meg buzgók maradni, vagy megváltoztatni magukat. Nem hiányolnak semmit fizikai értelemben, de ha folyamatosan abba az irányba mennek, mint korábban, akkor az lesz végül, hogy messze elkerülik az üdvösséget. Ezért ezek az emberek nyomorultak. Továbbá, a gazdagság, amit élveznek a földön, csak pillanatnyi. Azok, akik jutalmakat halmoznak fel a mennyei királyságban, igazán gazdag emberek.

Akiknek langyos a hite, nem hűek az Isten előtt. Nem vetnek Isten előtt, mert hevesen vágyakoznak a pénz után. Dióhéjban: nincs semmi, ami általuk lett volna felhalmozva a mennyben. Ezért, még ha bűnbánatot tartanak is, alig üdvözülnek, és a mennybe mennek, de nincsenek jutalmaik. Ezért az ilyen embereket "rossznak," vagy "szegénynek" nevezzük.

Azok, akik értik az igét spirituális értelemben, abszolút

reménnyel bírnak az örök életre. Szóval, szorgalmasan megtalálják magukat az ige által, és kimennek a sötétségből, valamint bemennek a fénybe. Annak érdekében, hogy felhalmozzák a jutalmakat az égben, hűségesek lesznek, és lelkesen vetik el a magokat az Isten országának megvalósításáért.

Másrészt, azok, akiknek langyos a hite, nem ismerik a spirituális világot. Ahelyett, hogy a reménykednének az életben, ami eljön, csak a valóságot látják, a világot körülöttük. Ezt jelenti az, amikor azt mondják, hogy lelkileg vakok.

Azok, akik lelkileg vakok, nem találják a sötétséget, ami bennük van, és ezért megmaradnak a sötétségben (Máté 6:22-23). Ezért nem képesek felvenni az igazság ruháját, hogy méltóak legyenek Isten gyermekeinek a címére. Ezért is nevezik őket "meztelennek". A ruha az ember szívét képviseli. "Az igazság ruhadarabjának" viselése azt jelenti, "körülmetéli a szívét, és megvalósítja az igazságot a szívében."

Azonban, mivel azok, akiknek langyos a szíve, nem metélik körül a szívüket, és nem is élnek az ige szerint, a szívüket megtöltik gonoszsággal még mindig, és a sötétben élnek továbbra is. Ennek célja, hogy felfedjék a szégyenüket a meztelenségük miatt - spirituális értelemben.

Az, hogy ragyogóan szép ruhákat vesznek fel nem jelenti azt, hogy igazán szépek. Ha az emberek nem metélik körül a szívüket, hanem megtartják a gonoszt a szívükben, nem számít, milyen szép ruhákat viselnek kívülről, feltárják a szégyenüket a meztelenségükkel kapcsolatban, Isten szemszögéből.

Fehér gyolcsruhát fogunk viselni a mennyben, ahol nincs sötétség, és a ruhaanyag az igazak, a szentek cselekményeit jelképezi (Jel 19:8). A mennyország csak azoknak van, akik megélik az Isten szavát, leveszik a ruháikat, melyekre lerakódott a bűn, és felveszik a gyönyörű ruhadarabjait az igazságnak (Máté 22:10-14).

Ezért, annak érdekében, hogy bemenjünk a mennybe, mint egy gyönyörű menyasszony, mi, akik várjuk az Urat, fel kell hogy díszítsük szorgalmasan magunkat, mint az Ő Menyasszonyai, és viselnünk kell a gyolcsruhát. És ehhez hívő életet kell élnünk, aminek semmi köze a langyos hithez. Semmi közünk nem lehet ahhoz az élethez, amely nyomorult, szegény, vak, vagy meztelen.

AZ ÚR TANÁCSA A LAODÍCEAI GYÜLEKEZET SZÁMÁRA

Azt tanácslom néked, hogy végy tőlem tűzben megpróbált aranyat, hogy gazdaggá légy; és fehér ruhákat, hogy öltözeted legyen, és ne láttassék ki a te mezítelenségednek rútsága; és szemgyógyító írral kend meg a te szemeidet, hogy láss. A kiket én szeretek, megfeddem és megfenyítem: légy buzgóságos azért, és térj meg. (Jelenések 3:18-19).

A laodiceai egyház nem vette észre, mit hiányolt. Azt gondolták, hogy gazdagok voltak. Az Úr még mindig azt akarta, hogy tartsanak bűnbánatot, és térjenek meg. Elmondja nekik részletesen, hogyan lehetnek szegények, vakok és mezítelenek lelkileg az Ő tanácsára.

Az Úr azt szeretné, ha a tiszta arany hite lenne a miénk

Először, azt mondja nekik: "Azt tanácslom néked, hogy végy tőlem tűzben megpróbált aranyat, hogy gazdaggá légy" (18. vers). Ahogy az emberek az aranyat értékelik a legjobban, az Úr a hitet összehasonlítja "a tűz által finomított arannyal," mivel a hit a legértékesebb dolog a keresztény életben.

Ezért, "végy tőlem tűzben megpróbált aranyat, hogy gazdaggá légy" azt jelenti, hogy olyan hitünk van, mint az arany, mely örök. Csak akkor menekülünk meg, és jutunk a mennybe, ha van hitünk. Csak akkor, ha hiszünk, kapunk választ arra, amit kérdezünk (Máté 9:29).

Meg kell valljuk a hitünket, de nem csak az ajkainkkal. A hitünkhöz csatolnunk kell a tetteket, az élő Isten tetteit. Az ilyen hitet nevezik spirituális hitnek. A Bibliában az ilyen spirituális hitet az aranyhoz hasonlítják.

Ezért azok, akik rendelkeznek spirituális hittel, teljesen elhiszik Isten szavát minden helyzetben, és követni fogják az Ő szavát. Illés próféta az 1 Királyok 18. fejezet volt az, akinek volt ilyen spirituális hite. Illés próféta volt, aki dolgozott Akháb király uralkodása alatt az északi királyságban, Izraelben.

Egy napon Isten azt mondta Illés prófétának, hogy esőt küld

a földre Izraelben, mert szárazság volt három és fél évig. Illés hitt a szavának. Felment a Carmel hegyre, lehajolt a földre, és buzgón imádkozott, és az arcát a két térde közé tette. Imádkozott, hétszer, és végül megkapta a választ a nagy eső formájában.

A "hetes" szám azt jelenti, hogy "tökéletes és teljes." Az a tény, hogy megkapta a választ a hetedik alkalommal azt jelenti, hogy végig hitt, imádkozott, és megkapta a választ. Még ha nem is lett volna válasz a hetedik ima után, Illés addig imádkozott volna, amíg megkapta volna a választ.

Azért volt ez, mert Illés feltétel nélkül elhitte a szót, amit Isten egyszer mondott neki. Hinni Istenben végig - ez a spirituális hit, amely olyan, mint a tiszta arany.

De ez a fajta hit nem könnyen adható. Ahogy az emberek a világon még finomítanak az aranyon a tűzzel, amíg nem kapnak tiszta aranyat, folyamatosan finomítani kell a hitet is, hogy olyan legyen, mint a tiszta arany.

Sok próba és megpróbáltatás során kell győzedelmeskednünk, küzdenünk a bűn ellen, akár a vérünk ontásáig, és mindvégig állhatatosan az igének megfelelően kell élnünk. Ezeken a folyamatokon keresztül olyan finom lehet a hitünk, mint a tiszta arany.

Spirituális szemek, és a szív szentsége

A laodiceai egyház gazdag volt a szív értékeiben, és lelkileg meztelen. Az Úr azt mondta nekik, hogy "és fehér ruhákat (vegyél), hogy öltözeted legyen" (18. vers). Itt, a fehér ruhák a szentek szent cselekedeteit jelentik. És a szent cselekedetek a szent szívből származnak.

Azért van ez, mert, ahogy az Úr azt mondja a Máté 12:34-ben: "Mert a szívnek teljességéből szól a száj," ami a szívünkben van, valójában kijön az ajkainkon és a tetteinkben. Azok, akik képmutatók, és nem szentesítik meg a szívüket, inkább színlelnek, nem tudják elrejteni magukat Isten előtt. Isten megkeresi a szívüket. A gonosz a szívükben végül kiderül.

Ezért a "felruházni magát fehér ruhákkal" azt jelenti: "megszabadulni a sötétségtől és a hazugságtól, a szív ápolásával, amíg egy fehér szívvé változik az igazságban." Csak amikor így teszünk, leszünk képesek felvenni a ruhát, hogy a szégyenünk a meztelenségünk miatt ne legyen felfedhető.

Azonban, hányan felfedik szégyen nélkül a meztelenségüket, anélkül, hogy felismernék, hogy meztelenül vannak? Vannak még olyan emberek is, akik szégyentelenek, miközben rosszabb dolgokat művelnek, mint egy állat tenné.

Lehet, hogy "fekete" a szívünk, bűnöktől foltos, és még mi magunk sem vesszük észre a sötétséget magunkban. Lehet, hogy elvesztettük az ember feladatát, és az Isten képmását. Tudnunk kell, hogy ezek a dolgok azt jelentik, hogy lelkileg meztelenek vagyunk, és ezek szégyenletes dolgok.

Néhányan megvallják hitüket Istenben, de nem is veszik észre, hogy lelkileg meztelenek. Ezek az emberek lelkileg vakok. Az Úr azt tanácsolja ezeknek az embereknek, hogy "és szemgyógyító írral kend meg a te szemeidet, hogy láss" (18. vers).

Míg éljük az Isten szavát hittel, fokozatosan meghalljuk a Szentléleknek a hangját. Rájövünk, hogy mi az igazság, és mi a bűn. Amikor spirituális értelemben felébredünk, azt jelenti, hogy spirituálisan nyitott szemmel élünk.

Amikor a lelki szemeink nyitva vannak, meg tudjuk érteni az Isten igéjét, reménykedünk a mennyben, megtaláljuk az "énünket" az ige szerint, és megváltoztatjuk magunkat az igazságnak megfelelően.

Ahhoz, hogy "nyitott lelki szemeink legyenek," képesnek kell lennünk látni a világot, de spirituális lelki szemekkel. De a nagyobb jelentőségű kérdés az, hogy megértsük az Isten akaratát azzal, hogy hallgatjuk a Szavát, és megváltoztatjuk magunkat az igazságnak megfelelően úgy, hogy megértést kapunk.

Ha egy ember lelki szemét kinyitotta, ismeri Istent, és rájön, hogy mi az Ő akarata, akkor biztosan nem barátkozik meg a világgal, hanem igyekszik megtalálni a sötétséget saját magában, és megváltozni az igazságnak megfelelően.

Az ilyen ember az, aki a fényben él. Mélyebb kapcsolatot ápol Istennel, és az Isten sokkal jobban szereti őt.

Isten szeretete a büntetésben

Az laodiceai egyház szigorú figyelmeztetéseket és tanácsokat kapott az Úrtól. Ezután az Úr felszólította őket, hogy forduljanak el a helytelen hitről ismét, és ezt mondta: "A kiket én szeretek, megfeddem és megfenyítem: légy buzgóságos azért, és térj meg" (19. vers).

Ez a nyilatkozat jól mutatja Isten szemrehányásának az okát és a célját is. Azért tesz szemrehányást, mert nagyon szeret, és a célja az, hogy a szemrehányás által bűnbánatot tartsunk, és buzgók legyünk (Zsid 12:6-8).

Amikor a gyerekek rossz irányba mennek, ha a szülők szeretik őket, megpróbálják jó útra téríteni őket, akár egy bot vagy pálca segítségével is. Ha a gyermek nem hallgat a szülei tanácsára, a szülők még meg is büntetik, hogy a gyermek tartsa szem előtt, és ne feledkezzen meg arról, amit kapott. Ha a szülők aggódnak, hogy a fájdalmat okoznak a gyermeknek, és nem büntetik meg, nem mondhatjuk, hogy valóban szeretik a gyereket.

Volt egy ilyen ember a Bibliában is. Éli pap volt ez, a bírák idejében, Izraelben. A két fia is gonoszságokat követett el. Beszennyezték az Isten szentélyét. Mint pap, Eli csak annyit mondott nekik, hogy ne tegyenek ilyent, anélkül, hogy bármilyen büntetést adott volna nekik.

Fiai gonosz tettei folytatódtak, és végül, Isten haragja

elérte őket. A két fia meghalt a csatában, és Éli, a pap annyira megdöbbent, hogy a hír hallatán leesett helyéről, és eltörte a nyakát, ami a halálát okozta.

Az ok, amiért Isten megengedi gyermekeinek a büntetéseket, az, hogy szereti őket. Ha nincs szemrehányás vagy büntetés, miután egy gyerek elköveti a bűnt, a gyermek nem fog észrevenni semmilyen hibát. A gyerek végül súlyosabb bűnbe esik, és a végén, nem tud más történni, mint hogy a halál útjára tér, a lelki világ törvénye szerint, és ezt mondja: "A bűn zsoldja a halál." Meg kell éreznünk a szeretetet, amit az Atya Isten küld nekünk, a szívünkben. Ha megérezzük az Ő szeretetét az isteni büntetésben, képesek leszünk a megtérésre, bűnbánatot tartunk, és megváltozunk.

Másrészt, ha nem veszünk észre semmit, még egy pár büntetés után sem, nem lesz oka az Isten büntetésének. Ezért nem lesz több büntetés akkor sem, ha bűnt követünk el később. Ha egy hívő virágzó, és nem kap büntetést akkor sem, ha nem él az igének megfelelően, ez azt jelenti, hogy Isten az Arcát elfordította tőle. Nincs szerencsétlenebb helyzet, mint ez.

Ha ő Istennek egy szerető gyermeke, amikor a rossz irányba megy, Isten nem fogja elengedni, mint egy törvénytelen fiút, hanem megbünteti őt. Ez inkább egy áldás a gyermek részére, ha megbüntetik. A büntetés ijesztő és félelmetes lehet abban a pillanatban. De ha azt gondolja magában: "E nélkül a büntetés nélkül, mi lettem volna?" Át fogja érezni, és megérteni az Atya szeretetét az Isten büntetése által.

Ez nem jelenti azt, hogy büntetést kell kapnunk, valahányszor valamit rosszul teszünk. Mielőtt Isten megbüntet bennünket, biztosan sok esélyt ad. Isten az intelmei által felébreszt bennünket, megszid minket, hogy megtérhessünk.

Ha sikerül rájönni a hibánkra elég gyorsan, jó lesz. Ha nem, és büntetést kapunk, még mindig rá kell jönnünk, hogy ez az Atya Isten szeretete, meg kell térnünk a szívünk mélyéből, és bűnbánatot kell tartanunk. Aztán vissza kell állítanunk az elveszett bizalom-kapcsolatot Istennel, mert erre elkezdenek szaporodni a jutalmaink a mennyben újra.

Az Úr üzenete a laodíceai gyülekezetnek

Ímé az ajtó előtt állok és zörgetek; ha valaki meghallja az én szómat és megnyitja az ajtót, bemegyek ahhoz és vele vacsorálok, és ő én velem. A ki győz, megadom annak, hogy az én királyiszékembe űljön velem, a mint én is győztem és ültem az én Atyámmal az ő királyiszékében. A kinek van füle, hallja, mit mond a Lélek a gyülekezeteknek. (Jelenések 3:20-22).

A hét egyház közül a laodiceai templom volt az, amelyik csak dorgálást kapott az Úrtól, de ez is az Isten szeretetéből történt. Tehát, az Úr ígéretet tett nekik, hogy hadd reménykedjenek.

Lelki-spirituális álomban voltak, és langyos volt a hitük. Tehát, az Úr arra kérte őket, hogy ébredjenek fel az álmukból az

Ő hangjára. Megígérte, hogy aki győzedelmeskedik, megengedi neki, hogy üljön Mellé le a trónon.

Nyisd ki a szíved, és élj az igazságnak megfelelően

Van egy festménye William Holman Huntnak, amelyen az Úr kopogtat az ajtót kívülről. Ezen a festményen nincs ajtó zárral vagy gombkilinccsel, amely kinyitja az ajtót.

Ez azt jelenti, az ajtó csak belülről nyitható, amikor a mi Urunk kopogtat rajta. Ez egy szimbóluma az Úrnak, aki kopogtat a szívünk ajtaján.

Laodícea gyülekezetének tagjaihoz így szólt az Úr: "Ímé az ajtó előtt állok és zörgetek; ha valaki meghallja az én szómat és megnyitja az ajtót, bemegyek ahhoz és vele vacsorálok, és ő én velem." (20. vers).

Először is, az "állok az ajtóban és zörgetek" kifejezésnek az a jelentése, hogy az Úr kopogtat a szívünkön, az igazság szavával. Amikor meghalljuk az Isten igéjét, meg kell tartanunk azt a szívünkben. Ahhoz, hogy ez megtörténjen, először az igazság szavának be kell jönnie az ajtón, a mi gondolatainkba. És akkor jön el hozzánk, a szívünk ajtaján.

Miután a szó bekerül a szívünkbe, fokozatosan meg tudjuk élni az igét. Ez az úgynevezett "esznek és isznak az Úrban." De, még ha kinyitottuk is az ajtót, a gondolatainkat, és elfogadtuk az igét, ha a szívünk ajtaját nem nyitottuk ki, a szó megmarad puszta ismeretnek agyunkban.

Ez az úgynevezett "hit, mint puszta tudás." Ez a halott hit, amely nem párosul tettekkel. Azok, akiknek ilyen a hite, végül langyos hite marad csak. Annak ellenére, hogy sikerült hívő életben élniük hosszú ideig, és sokszor hallották az igét, mivel nem művelték azt a szívükben, nem lehet spirituális hitük, vagyis hitük, hogy a szívük mélyéről higgyenek. Templomba járók lesznek csak.

Annak ellenére, hogy az Úr mindenható, Ő nem kényszerít senkit, hogy nyissa ki az ajtót a szívéhez. Ha Isten egy személyt rákényszerít, hogy nyissa ki az ajtót, mely a szívéhez vezet, és lehetővé teszi neki, hogy spirituális hite legyen, van-e valaki ebben a világban, akik nem lenne képes fogadni az üdvösséget ily módon? Ez nem lenne emberi művelés, az igazság nevében.

Isten mindenkinek szabad akaratot ad. Azt akarja, hogy igaz gyermekek legyünk, akik hisznek Istenben, és szeretik Őt a szívük mélyéről, a szabad akaratukból. Ezért meg kell értenünk, hogy bár az Úr kopogtat a tudatunk és a szívünk ajtaján, mi vagyunk azok, akik kinyitjuk az ajtót.

Ha valóban szeretjük Istent, akkor biztosan kinyitjuk az ajtót a szívünkhöz, és együtt eszünk az Úrral, és megéljük az igazság szavát.

Az Úrral ülés áldása

Ha kinyitjuk az ajtót, a szívünk ajtaját, elfogadjuk az igazság szavát, és étkezünk az Úrral, közben meg gyakoroljuk az igét, legyőzzük ezt a világot, és az ellenséges ördögöt is.

Az ilyen embereknek, az Úr ezt mondja: "A ki győz, megadom annak, hogy az én királyiszékembe űljön velem, a mint én is győztem és ültem az én Atyámmal az ő királyiszékében." (21. vers). Csakúgy, mint az Úr, aki legyőzte a halál hatóságát, és leült az Isten jobbjára, azok, akik győznek, leülhetnek az üdvösség trónjára.

Annak ellenére, hogy az Úr csak a szemrehányás szavával szólt a laodiceai egyházhoz, azt mondta a végén, hogy az üdvösség ajtaja nyitva volt még, feltéve, hogy megtérnek, és megbánják a bűneiket. Amíg az üdvösség bárkájának az ajtaja teljesen zárva volt, még mindig volt esély. Ezért az Úr így beszél hozzájuk, az Ő égő szívével.

Meg kell küzdenünk magunkkal, és folytatnunk kell a küzdelmet, végig. Meg kell járni a keskeny utat, amelyen Jézus járt örömmel, hálával és szeretettel, nem változva meg egész végig. Csak ekkor állhatunk az Úrral, és élvezhetjük a dicsőséget vele az utolsó napon.

De vannak olyan emberek, akik úgy tűnik, győznek bizonyos ponton, de aztán feladják a közepén, így nem tudnak részt venni az áldásban és a dicsőségben.

Nézzük a mi hitünket az igével, melyet az Úr a laodiceai gyülekezethez címzett. Ha langyos a hitünk, azonnal tartsunk bűnbánatot, és térjünk meg. Hadd álljunk a sorba azokkal, akik győztek, vagy ami még jobb, maradjunk közelebb a trónhoz, az Úr trónjához, megragadva egy jobb helyet a mennyek országában.

Következtetés

AZ ÚR SZERETETE, AMINT A HÉT GYÜLEKEZETNEK KÜLDÖTT ÜZENETBEN MEGNYILVÁNUL

Ímé eljövök hamar. Boldog, a ki megtartja e könyv prófétálásának beszédeit. (Jelenések 22:7).

Az emberek érzékei nem tökéletesek, például a pilóták, akik repülőn repülnek, megtapasztalhatják az úgynevezett "térbeli tájékozódási zavart," ami különféle baleseteket okoz.

Ha repülés közben - a tenger felett – kísérletet tenne arra egy pilóta, hogy több kört tegyen meg az égen, vizuálisan nehezen különböztetné meg az eget a földtől. Vagy, miután fölfele repült, nagy sebességgel függőlegesen, majd hirtelen csökkentette a sebességet, ha a repülő már felfele menne, a pilóta még úgy érezné, mintha a földre esne.

Annak érdekében, hogy a térbeli tájékozódási zavar ne

jöjjön létre, a pilóták a műszerekre és mutatóeszközökre kell támaszkodjanak. A sebességet és az irányt ezek szerint kell meghatározniuk, nem a saját érzéseik szerint.

Ugyanez van a hitünkkel is. Az emberek gondolatai, mint lények, és a Teremtő Isten gondolatai nagyon eltérőek. Ezért, ha úgy éljük az életünket Krisztusban, mint ahogy szeretnénk, a tájékozódás zavara minket is utolér. Ez volt a helyzet a legtöbbel a hét gyülekezet közül, amelyeket rögzít a Jelenések könyve.

Minden egyháznak megvolt a saját lelkesedése, és úgy gondolták, az Isten munkáját végzik. De néhány egyház szemrehányást kapott, valamint tanácsot is, az Úrtól.

Ma is sokan azt mondják, hogy imádják az Urat, imádkoznak Istenhez, és szeretik Őt, de hány egyház van, amely igazán kedves az Isten előtt? Az üzenetek, amelyeket az Úr a hét gyülekezetnek szánt, jó eszközök számunkra, hogy ellenőrizzük a hitünket.

Világosan megmondja, hogy melyik egyházat dicsérte és méltatta, és mely egyházakat részesítette megrovásban az Úr. Szóval, fel kell ismernünk, hogy milyen gyülekezetbe járunk valójában.

Továbbá, ellenőriznünk kell, hogy ugyanazt a szemrehányást kellene kapnunk, amelyet az Úr tett egyes templomoknak? Ha találunk valamit, akkor ne habozzunk, tartsunk bűnbánatot, és éljünk az ige szavai szerint.

Mindenekelőtt fel kell ismernünk azt a tényt, hogy az üzenetek, melyek a hét gyülekezetnek szólnak, a Jelenések könyvében vannak. Ennek az a célja, hogy felébressze az egyházakat, amelyek a spirituális álmukat alusszák az idő végén. Ez az Isten szeretete, mely hagyja őket felkészülni az Úr második eljövetelére.

De még ha az Úr világosan meg is mutatta nekünk az utat, hogy megszerezzük tőle a dicséretet az üzeneteken keresztül, melyeket a hét gyülekezetnek mondott, ha nem engedelmeskedünk, nyilvánvalóan nem használ.

Az idő nincs már messze, amikor az Úr, aki feltámadt és felment a mennybe, visszajön. A végén biztosan lesz pontos ítélet az egyházak és a lelkipásztorok dolgában, akik képviselik az egyházakat. Imádkozom az Úr nevében, hogy minden olvasó meg fogja érteni ezt a tényt, és olyan egyházzá és lelkésszé alakul, amelyeket az Úr meg tud dícsérni.

A szerző:
Dr. Jaerock Lee

Dr. Jaerock Lee Muanban, Jeonnam Tartományban, a Koreai Köztársaságban született, 1943-ban. A huszas éveiben hét évig gyógyíthatatlan betegségekben szenvedett, és a gyógyulás reménye nélkül várta a halált. Egy napon 1974-ben azonban a nővére elvitte egy templomba, és amikor letérdelt, hogy imádkozzon, az Élő Isten az összes betegségéből kigyógyította.

Attól a pillanattól fogva, hogy e csodás tapasztalat révén Dr. Lee találkozott az Élő Istennel, teljes szívéből és őszintén szereti Istent, és 1978-ban elhivatott az Ő szolgájaként. Buzgón imádkozott, hogy megérthesse Isten akaratát, és teljesen beteljesítse azt, és Isten igéjét teljesen betartotta. 1982-ben megalapította a Manmin Központi Egyházat Szöulban, Koreában, és azóta számtalan isteni munka történt ebben a templomban, beleértve a nagyszerű gyógyulásokat és a csodákat.

1986-ban lelkésszé szentelték a Jézus Sungkyul Koreai Egyházának éves összejövetelén, és négy évvel később, 1990-ben az istentiszteleteit elkezdték közvetíteni Ausztráliában, Oroszországban, a Fülöp-szigeteken, és számos más országban, a Far East Broadcasting Company, az Asia Broadcast Station, valamint a Washington Christian Radio System közreműködésével.

Három évvel később, 1993-ban a Manmin Központi Templomot beválasztották "A világ legjobb 50 temploma" közé, a Christian World magazin által (USA), és tiszteletbeli doktori címet kapott a Christian Faith College, Florida, USA, intézménytől, és 1996-ban doktori címet is - a lelkészi tudományokban - az iowai Kingsway Theological Seminary-től, az Egyesült Államokból.

1993 óta Dr. Lee a világmisszió terén vezető szerepet vállal, külföldön az Egyesült Államokban, Tanzániában, Argentínában, Ugandában, Japánban, Pakisztánban, Kenyában, a Fülöp-szigeteken, Hondurasban, Indiában, Oroszországban, Németországban és Peruban, és 2002-ben "világszintű lelkésznek" nevezték a vezető koreai keresztény újságok, a külföldi Nagy Egyesült Missziókban kifejtett tevékenységéért.

2010 szeptemberéig a Manmin Központi Templom több mint 100. 000 tagot számlált, 9.000 hazai és külföldi leányegyháza volt szerte a világon, és eddig több mint 132 misszionáriust küldött 23 országba, beleértve az Egyesült Államokat, Oroszországot, Németországot, Kanadát, Japánt, Kínát, Franciaországot, Indiát, Kenyát, és sok más országot.

A mai napig Dr. Lee 60 könyvet írt, közöttük a rekord példányszámban eladott Az örök élet megkóstolása a halál előtt, Életem, hitem, A kereszt üzenete, A hit mértéke, A Mennyország I és II, A pokol, Isten hatalma, és a munkáit több mint 44 nyelvre lefordították.

A keresztény cikkei megjelennek a The Hankook Ilbo, The JoongAng Daily, The Dong-A Ilbo, The Munhwa Ilbo, The Seoul Shinmun, The Kyunghyang Shinmun, The Hankyoreh Shinmun, The Korea Economic Daily, The Korea Herald, The Shisa News, és a The Christian Press hasábjain.

Dr. Lee jelenleg több tisztséget tölt be: a Koreai Egyesült Szentség Egyház elnöke; a The Nation Evangelization Paper újság vezérigazgatója; a Manmin Misszió elnöke; a Manmin TV alapítója; a Global Christian Network (GCN) alapítója és igazgatótanácsának elnöke; a The World Christian Doctors Network (WCDN) alapítója és igazgatótanácsának elnöke; és a Manmin Nemzetközi Lelkészképző (MIS) alapítója és igazgatótanácsának elnöke.